Inge Michels

**Mein Beruf
Tagesmutter/Tagesvater**

Wissen und Anregungen für einen alten und neuen Beruf

Fachliche Beratung: Dr. Jutta Hinke-Ruhnau

Klett I Kallmeyer

Bibliografische Information der Deutschen Nationalbibliothek
Die Deutsche Nationalbibliothek verzeichnet diese Publikation in der Deutschen Nationalbibliografie;
detaillierte bibliografische Daten sind im Internet über http://dnb.d-nb.de abrufbar.

Impressum
Inge Michels
Mein Beruf Tagesmutter/Tagesvater
Wissen und Anregungen für einen alten und neuen Beruf

1. Auflage 2008

© 2008. Kallmeyer in Verbindung mit Klett
Erhard Friedrich Verlag GmbH
D-30926 Seelze-Velber
Alle Rechte vorbehalten.
www.friedrichonline.de

Umschlagfotos: © Gabriele Seitz, Kirsten Hellwege, tunvezh – Fotolia.com
Illustrationen: Axel Nicolai, Brauweiler
Realisation: Friedrich Medien-Gestaltung
Druck: Print-Design-Druck GmbH, Minden
Printed in Germany

ISBN: 978-3-7800-5247-6

Inge Michels

Mein Beruf
Tagesmutter/Tagesvater

Wissen und Anregungen
für einen alten und neuen Beruf

Fachliche Beratung: Dr. Jutta Hinke-Ruhnau

Klett | Kallmeyer

Einführung
Kindertagespflege:
Wo kommt sie her, wo geht sie hin?

Liebe Leserinnen, lieber Leser,

wenn Sie zu diesem Buch gegriffen haben, dann spielen Sie vielleicht gerade mit dem Gedanken, eine Qualifikation als Tagesmutter oder Tagesvater zu beginnen, und sind auf der Suche nach Informationen, die Ihnen bei der Entscheidung helfen. Vielleicht haben Sie sich auch bereits entschieden und wollen sich vor dem Start über Ihr zukünftiges Berufsfeld orientieren. Oder Sie sind bereits längere Zeit Tagesmutter oder Tagesvater und wollen wissen, was heute unter moderner Kindertagespflege zu verstehen ist. Wie auch immer: Herzlich willkommen beim Thema Kindertagespflege! Auf den folgenden Seiten erwartet Sie ein lebendiger Spaziergang durch Alltag und Fachwelt.

Die Kindertagespflege und die Ansprüche an sie haben sich in den vergangenen zehn Jahren rasant verändert. Relativ unbeachtet von Politik und Pädagogik nahmen zuvor Tagesmütter Säuglinge und kleine Kinder für einige Stunden am Tag bei sich auf, in der Regel, weil beide Eltern erwerbstätig waren. Wenn wir einmal ehrlich sind: Wohl kaum eine Mutter oder ein Vater und nur wenige Tagesmütter hatten dabei die Förderung und Bildung der Babys und Kleinkinder im Sinn. Die bahnbrechenden Erkenntnisse der Hirnforscher und ihre Folgen für die frühe Förderung waren zwar bereits bekannt, aber vorerst nur in der Fachwelt.

Damit dies nicht so bleibt, gibt es dieses Buch. Auf den nächsten Seiten geht es darum zu beschreiben, welche Haltung zum Kind Menschen einnehmen oder sich erarbeiten sollten, die als Tagesmutter beziehungsweise Tagesvater arbeiten wollen. Die behandelten Themen sind nach der Bedeutung ausgesucht und zusammengestellt, die sie für eine wertschätzende, offene, Kinder unterstützende Haltung haben. Ein umfangreicher Anhang gibt Ihnen darüber hinaus die notwendigen Informationen, um sich zwischen Steuern, Versicherungen und anderen Formalitäten zurechtzufinden. Beachten Sie jedoch: Das Berufsfeld der Tagesmütter und Tagesväter ist noch nicht endgültig abgesteckt. Manches, wie Pflegeerlaubnis und Versicherungen, wurde bereits auf den Weg gebracht, anderes, wie die Versteuerung der Einnahmen, gilt erst mit Wirkung zum 1. Januar 2009. Da Verbände und Gewerkschaften mit manchen Regelungen nicht zufrieden sind, können wir davon ausgehen, dass es an einigen Stellen immer noch zu Nachbesserungen kommen kann. Politik, Verbände und Gewerkschaften ringen im Kern um die Frage: Entwickelt sich um die Kindertagespflege herum ein neuer Beruf? Und wenn ja: Welche Bedingungen sollen an Qualifikation und Entlohnung geknüpft werden?

Wie Sie sehen, ist Kindertagespflege auch politisch ein aktuelles Thema. Wer hätte gedacht, dass es „die große Politik" einmal interessieren würde, unter welchen Bedingungen eine Tagesmutter ihrer quasi „privaten" Beschäftigung nachgeht? Tagesmütter waren in den vergangenen Jahren Frauen, die sich neben der Erziehung ihrer eigenen Kinder etwas dazuverdienen wollten. Entsprechend unterschiedlich sind heute noch Organisationsform und Entlohnung.

Das beginnt sich langsam zu ändern. Im Zuge des politisch gewollten Ausbaus der Betreuungsplätze für unter Dreijährige bemühen sich Länder und Kommunen um klarere Strukturen. Auch die Eltern sind hellhörig geworden. Dank der Forschungsergebnisse der Neurobiologen wissen interessierte Mütter und Väter, wie entscheidend eine gute Beziehung (Bindung) der Säuglinge zu ihren Bezugspersonen ist – und dazu gehören auch die Tagesmütter und -väter. Die Frage der Qualität in der Kindertagespflege erhält deshalb einen enormen Schub, die Bindungsforschung ist ins Zentrum dieser Qualitätsdiskussion gerückt. Und die Devise für Tagesmütter und -väter heißt heute: Keine Tätigkeit mehr ohne Qualifizierung, Fort- und Weiterbildung. Zwei Gesetze haben den Bildungsauftrag der Kindertagespflege festgeschrieben und diese gleichzeitig auf eine Stufe mit Kindertageseinrichtungen gestellt: das Gesetz zum qualitätsorientierten und bedarfsgerechten Ausbau der Tageseinrichtungen für Kinder (TAG) und das Kinder- und Jugendhilfeweiterentwicklungsgesetz (KICK).

Diese beiden Gesetze und der damit eingeleitete Ausbau der Betreuung inklusive Bildungsauftrag für die unter Dreijährigen in Kindertagesstätten und Kindertagespflege kommen nicht von ungefähr. Mit dem PISA-Schock von 2001 wurde der Politik bewusst, dass die frühkindliche Bildung in Deutschland über Jahrzehnte ein Schattendasein im Bewusstsein der Öffentlichkeit geführt hat. Der Blick auf die bei dem internationalen Leistungsvergleich besser abschneidenden europäischen Länder richtete sich nicht nur auf Schulstrukturen, Leistungsmessungen und die Bedingungen für erfolgreiches Lernen, sondern eben auch auf deren frühe Bildungskonzepte. Seitdem zielen Bildungspolitiker und -politikerinnen mit ihren Reden nicht mehr nur auf die Schulzeit, sondern nehmen die Jahre davor ebenfalls ins Visier. „Deutschland entdeckte die frühkindliche Bildung", könnte man heute etwas ironisch resümieren, denn „Bildung von Anfang an" stand als Leitthema innerhalb weniger Monate über einer kaum zählbaren Anzahl kleiner und großer Tagungen, Kongresse und Workshops bundesweit. Auf diese Entwicklung und Zusammenhänge wird auch in einzelnen der folgenden Kapitel Bezug genommen.

Die Bundesregierung hat sich gemeinsam mit Ländern und Kommunen ein hohes Ziel gesteckt: Bis zum Jahr 2013 sollen für 35 Prozent der unter Dreijährigen Plätze in Kindertagesstätten und Kindertagespflege geschaffen werden. Gleichzeitig wurde ein Rechtsanspruch auf einen Betreuungsplatz ab dem 1. August 2013 festgelegt. 750.000 Plätze müssen dafür bereitstehen, ein Drittel davon in der Tagespflege. Mehrere Milliarden Euro fließen seit 2008 in den Ausbau, und die Zeit drängt: Nach Angaben der Bundesregierung besuchten im Jahr 2006 erst 13,5 Prozent der unter Dreijährigen eine Bildungs- und Betreuungseinrichtung, davon 88 Prozent eine Kindertagesstätte. Nur 12 Prozent verbrachten einen Teil des Tages bei einer Tagesmutter (andere Studien sprechen von einem wesentlich geringeren Anteil).

Im Zuge des Ausbaus der Kindertagespflege werden Tagesmütter und -väter wie andere Selbstständige und Freiberufliche betrachtet und unterliegen im Hinblick auf Steuern und Versicherungen den gesetzlichen Bestimmungen. Wer von dieser Tätigkeit allein leben muss, hat es deshalb nicht leicht. Wer einen Berufseinstieg sucht oder das Familieneinkommen aufbessern möchte, kommt dafür in den Genuss einer großen Nachfrage durch die Eltern.

Zum Schluss der Einführung ein Wort zum Sprachgebrauch: Um sowohl den sperrigen Begriff „Kindertagespflegeperson" weitgehend zu umgehen als auch das umständliche „Tagesmutter und Tagesvater" zu vermeiden, werden in diesem Buch ausnahmsweise einmal die Männer um Nachsicht gebeten. Weil es (noch) zu nahezu 100 Prozent Frauen sind, die Kinder in Kindertagespflege aufnehmen, greifen wir diesen Sachverhalt auf und sprechen auf den folgenden Seiten von „Tages*müttern*". Alle männlichen Leser sind aber nichtsdestotrotz herzlich willkommen.

Und noch ein Hinweis zu den in diesem Buch verwendeten Symbolen: Damit werden gekennzeichnet

Gespräche mit Expertinnen und Experten zu Fragen der Kindesentwicklung und -erziehung,

Empfehlungen und Erfahrungsberichte von Tagesmüttern,

Tipps und Hinweise zur Alltagsgestaltung.

Und nun wünsche ich Ihnen eine anregungsreiche, gleichermaßen unterhaltsame wie nützliche Lektüre.

Warum möchte ich Tageskinder zu mir nehmen? Was motiviert mich, was stelle ich mir vor, was erhoffe ich? Oder auch: Warum schwanke ich noch? Jede Entscheidung kann richtig oder falsch sein. Sind nur wir allein davon betroffen, müssen wir selber aushalten, dass sich eine Überlegung als doch nicht so sinnvoll erwiesen hat. Anders sieht es aus, wenn Mitmenschen betroffen sind. Und besonders schwer wiegt eine Entscheidung, wenn Kinder, von uns unmittelbar abhängige kleine Menschen, unsere Entscheidung teilen (müssen). Vielleicht geht es Ihnen wie Marie, 27 Jahre:

Ich habe zwei Jungen, Moritz ist 4 und Lukas ist 2 Jahre alt. Nächstes Jahr gehen dann beide in den Kindergarten und ich könnte wieder in meinen alten Beruf zurück. Meine Chefin hat mir schon signalisiert, dass sie mich braucht. Aber sie will mich ganztags. Das ist mir wiederum zu viel. Dabei möchte ich gerne wieder Geld verdienen. Jetzt überlege ich, ob ich mich als Tagesmutter qualifizieren soll, denn ich bin gerne mit Kindern zusammen. Andererseits habe ich dann, wenn meine beiden Jungs groß sind, ganz den Anschluss an meinen alten Beruf verloren.

Prüfen Sie sich selbst

Wie für alle Berufe gilt: Was man gerne und aus Überzeugung tut, macht man gut. Nichts ist schlimmer als eine gereizte Tagesmutter. Lassen Sie sich deshalb Zeit mit Ihrer Entscheidung. Sicher wissen Sie bereits, wie wichtig eine kontinuierliche Bezugsperson für kleine Kinder ist – je kleiner das Kind, umso wichtiger. Ihre Entscheidung für den Beruf Tagesmutter sollte deshalb „Hand und Fuß" haben und mit längerfristiger Perspektive getroffen werden.

Zu den Aufgaben einer Tagesmutter gehören

▸ die Förderung des Tageskindes,
▸ seine Erziehung, Betreuung, Bildung und Pflege,
▸ die eigene Fort- und Weiterbildung.

Sind Sie dazu bereit? Motiviert Sie die Vorstellung, Kinder beim Aufwachsen zu begleiten, sich auf das Denken und Fühlen von Säuglingen und Kleinkindern einzulassen?

Nachfolgende Fragen können Ihnen bei Ihrer Entscheidung helfen:

▸ Leben und arbeiten Sie gerne mit Kindern?
▸ Nehmen Sie sich Zeit für sie?
▸ Sind Sie im Umgang mit Kindern liebevoll und fürsorglich?
▸ Sind Sie bereit, die ganz unterschiedlichen Bedürfnisse von Kindern zu achten?
▸ Sind Sie an einer Zusammenarbeit mit den Eltern interessiert, die das Wohl des Kindes im Blick hat?
▸ Interessieren Sie sich für Entwicklungspsychologie, Pädagogik und Bildung?
▸ Sind Sie bereit, Arbeit und Zeit in Vorbereitungskurse und Weiterbildungen zu investieren?

- ▸ Sind sie interessiert, sich mit anderen Tagesmüttern und -vätern kollegial auszutauschen?
- ▸ Verstehen Sie Ihre Tätigkeit als Beruf?

Auch wenn Sie bereits sicher sind, dass Sie als Tagespflegeperson – wie Sie dann offiziell heißen – arbeiten möchten, oder wenn Sie sogar schon als solche arbeiten, ist es sinnvoll, sich immer einmal wieder die eigene Motivation vor Augen zu führen. Hilfreich wird diese Reflexion immer dann, wenn Zweifel auftauchen, ob die Entscheidung richtig war.

Ihre Motivation ist das eine, ganz wichtige Standbein Ihrer Arbeit als Tagesmutter. Das andere ist Ihre persönliche Eignung und Qualifikation. Beides gehört zusammen. Wann also ist jemand geeignet, anfänglich fremde Kinder in die eigene Familie aufzunehmen? Mit ihnen zu spielen und zu essen, sie zu umarmen und zu trösten, sie zu fördern und zu erziehen, sie zu loben und anzuleiten?

Wenn Ihnen das Zusammensein mit Kindern grundsätzlich eine große Befriedigung gibt, erfüllen Sie bereits eine wesentliche Voraussetzung für die Arbeit einer Tagesmutter. Die Tatsache, dass Sie selbst Mutter sind, reicht allerdings nicht aus. Auch eine Frau, die keine eigenen Kinder hat, kann eine gute Tagesmutter sein, ebenso wie eine Erzieherin oder Lehrerin keine eigenen Kinder erzogen haben muss, um in ihrem Beruf erfolgreich zu sein. Professionelle Standards und einfühlsames Verhalten lassen sich durchaus lernen.

Wie für alle pädagogischen Berufe gilt auch für diesen, dass Sie kontaktfreudig, aufgeschlossen und offen sein sollten. Ein gutes Organisationstalent ist ebenfalls von Nutzen, schließlich müssen Sie sozusagen zwei Familien organisieren, die eigene und die größere Tageskinder-Familie. Empfinden Sie sich darüber hinaus im normalen Maße als belastbar, konfliktfähig, optimistisch und sind Sie gesund, steht einer Qualifizierung zur Tagesmutter nichts im Wege.

Carmen Petersen ist über Umwege Tagesmutter und dabei zu einer lokalen Prominenz geworden. Sie und das Projekt der Technischen Universität Clausthal wurden in einer Pressemitteilung vorgestellt. Daraus einige Absätze:

Technische Universität (TU) Clausthal startet Projekt „Uni-Nanny"
Tagesmutter für Kinder von Studierenden und Hochschulangehörigen eingestellt
Clausthal-Zellerfeld. Junge Familien kennen das Problem. Die Kinderkrippen oder -tagesstätten sind noch nicht offen oder schon geschlossen und ausgerechnet jetzt haben beide Eltern einen Termin. Stellt sich die Frage: Wer passt in der Zwischenzeit auf den Nachwuchs auf? Für Studierende und Mitarbeiter der TU Clausthal gibt es seit November eine Lösung: die „Uni-Nanny". In einem Pilotprojekt steht eine Tagesmutter bereit, um sich um Kinder zu kümmern.

Angeboten wird der Service, der für die Eltern weitgehend kostenlos sein soll, im Rahmen der „familiengerechten Hochschule". Umgesetzt wird er von Carmen Petersen. Die ausgebildete Kinderpflegerin aus Clausthal-Zellerfeld ist die erste „TU-Nanny". Carmen Petersen arbeitet seit 17 Jahren mit Kindern. Angefangen hat sie damit auf ehrenamtlicher Basis in der Pfadfindergruppe, der Sonntagsschule und bei Kinderfreizeiten. Beruflich war die heute 37-Jährige zunächst allerdings ganz anders orientiert. „Ich habe in Nordrhein-Westfalen Konstruktionsmechanikerin gelernt, früher war das mein Traumjob", erzählt sie.

Heute weiß sie, dass sie lieber mit Kindern arbeitet. Seinen Anfang nahm der Berufswechsel Mitte der 90er Jahre. Carmen Petersen beteiligte sich als Betreuerin an einer Kinderfreizeit im Harz und spürte: „Das liegt mir." Da sie gleichzeitig in Clausthal-Zellerfeld ihren späteren Mann kennen lernte, zog sie in den Oberharz und durchlief ein Freiwilliges Soziales Jahr. Anschließend begann sie in Osterode eine Ausbildung zur Kinderpflegerin. Nach Stationen im Kindergarten „Kleiner Bruch" sowie als variable Einsatzkraft für weitere Einrichtungen in Clausthal-Zellerfeld hat sie sich inzwischen als Kinderbetreuerin selbstständig gemacht.

„Wichtig ist, Kindern gegenüber authentisch zu sein und ihnen Respekt und Achtung entgegen zu bringen", betont Carmen Petersen. Derzeit ist ihr Terminkalender zwar gut gefüllt, „aber ich bin flexibel und versuche immer, etwas möglich zu machen." Neben ihrer Qualifikation als Kinderpflegerin hat die Wahl-Harzerin einen Erste-Hilfe-Kurs für Säuglinge und Kleinkinder absolviert und ist im Landkreis Goslar offiziell als Tagesmutter registriert. Wenn sie als „Uni-Nanny" viel zu tun bekommt, soll sie demnächst Verstärkung kriegen.

(http://www.familie.tu-clausthal.de/uninanny [Mai 2008])

PISA und die Folgen

Zurzeit lastet großer öffentlicher Druck auf allen pädagogischen Berufen, weil die Ansprüche an Erzieherinnen und Erzieher, an Pädagoginnen und Pädagogen steigen. Das hat mehrere Gründe: Viel zu lange wurde bei uns in Deutschland die Arbeit mit kleinen Kindern eher gering geschätzt. Erst seit die Gehirnforscher eindringlich auf die Bedeutung zwischen Bindung, Bildung und frühem Lernen hinweisen, bekommt die Zuwendung zu Säuglingen und Kleinkindern auch öffentliche Aufmerksamkeit und Wertschätzung. Doch dieser wissenschaftliche Fingerzeig wäre vielleicht nicht so zur Kenntnis genommen worden, wenn andere europäische Länder nicht bei der international vergleichenden Schulleistungsstudie PISA durch bessere Leistungen Aufsehen erregt hätten. Neben vielen anderen Faktoren stellten wir nach 2001 fest, dass die Schulleistungen gerade in jenen Ländern besonders gut waren, wo man die Neugierde und Wissbegierde kleiner Kinder von Anfang an erkannt und gefördert hatte. Als Tagesmutter wird deshalb von Ihnen erwartet, dass Sie den Jüngsten unserer Gesellschaft ein förderndes Umfeld bieten. (Auf diesen Zusammenhang geht Kapitel 4 ausführlicher ein.)

So bleibe ich authentisch

„Bleiben Sie authentisch!" Vielleicht ist Ihnen dieser Anspruch schon häufiger begegnet. „Uni-Nanny" Carmen Petersen spricht ebenfalls davon. Gemeint ist: Sei du selbst, verbiege dich nicht, steh zu dem, was du sagst und tust. Das klingt einfach, ist es aber nicht. Denn authentisch zu sein heißt nicht, nach dem Motto zu leben: „So bin ich eben!" Rita, 35, erzählt:

> *Als Tagesmutter habe ich hohe Ansprüche an mich. Doch zu meinem leisen Entsetzen musste ich irgendwann feststellen: Basteln langweilt mich! Ausgerechnet Basteln! Ich weiß ja ganz genau: Basteln verbessert die Feinmotorik, Hand- und Augenkoordination werden gefördert. Die Kinder freuen sich über selbst gebastelte Werke, und natürlich auch die Eltern. Zum Glück hatte ich guten Kontakt zu einer erfahrenen Kollegin. Tagesmutter ohne Basteln geht nicht – das war uns beiden klar. Wir überlegten verschiedene Varianten: Bastelkurs besuchen, nur vor den großen Festen basteln. Aber dann hatten wir eine andere Idee: Wir verabredeten uns mit unseren Kindern einmal im Monat gemeinsam zum Basteltag. Das klappt gut, die Kinder haben viel Spaß – und ich auch.*

Diese kleine Geschichte, die Rita in der Kaffeepause auf einem Workshop für Tageseltern erzählte, ist ein schönes Beispiel. Authentisch sein heißt, sich selbst gut zu kennen, aber auch, sich mit der einen oder anderen Eigenheit nicht zufriedenzugeben. Authentisch zu sein ist kein Zustand nach dem Motto „So bin ich und so bleib ich", sondern ein Prozess.

Pädagogische Berufe lassen sich nur schwer distanziert ausüben. In menschlichen Beziehungen arbeiten Sie nun einmal mit Ihrer ganzen Persönlichkeit, mit all ihren Stärken und Eigenheiten, Einschränkungen und Potenzialen. Ihre Vielfalt ist ein Schatz, von dem auch Ihre Tageskinder zehren. Authentisch zu sein heißt deshalb, Kindern nichts vorzumachen. Die Kinder spüren sowieso, ob Tagesmutter Rita gerne bastelt oder nicht. Heuchelt sie Begeisterung, irritiert das die Kinder. So klein diese auch sein mögen, sie sind Genies im Aufspüren von Stimmungen. Wenn Rita nicht gerne bastelt, aber so tut, als ob, nehmen die Kinder über Körperhaltung, Mimik und Stimme wahr, dass Ritas Haltung nicht zu ihren Worten passt, wenn sie ihnen sagt: „Ich bastle wirklich gerne mit euch." Als kluge Tagesmutter sagt Rita deshalb: „Ihr wisst ja, ich singe lieber mit euch Lieder oder gehe mit euch in den Wald, als zu basteln. Aber bald ist Ostern und deshalb habe ich gestern Abend einmal versucht, einen kleinen Osterhasen hinzukriegen. Hier ist er. Sollen wir versuchen, für jeden einen zu basteln?"

Als Tagesmutter werden Sie mit ganz unterschiedlichen Anforderungen konfrontiert werden: Manche Eltern werden heilfroh sein, dass sie Sie gefunden haben und Ihnen

Mit der ganzen Persönlichkeit arbeiten

ohne allzu große Ansprüche ihr Kind anvertrauen. Andere wünschen sich, dass die Tagesmutter alles das besser macht, was ihnen selbst nicht gelingt. Manche sind froh, die Verantwortung der Erziehung mit jemandem teilen zu können, andere befürchten, ihr Kind könne die Tagesmutter lieber haben. Zwischen diesen Extremen müssen Sie Ihren eigenen Standpunkt finden. Je genauer Sie wissen, aus welchen Gründen Sie sich für den neuen Beruf entschieden haben, je umfassender Sie qualifiziert sind, umso selbstbewusster – authentischer – werden Sie auftreten.

Managerin von zwei Familien

Zustimmung und Unterstützung der eigenen Familie

Das Tageskind pendelt zwischen zwei Familien. Auch Sie als Tagesmutter leben durch Ihren Beruf in zwei Familien, ihrer eigenen Familie und der Tagespflegefamilie. Und um es gleich vorweg zu sagen: Ohne die innere und auch nach außen sichtbare Zustimmung und Unterstützung Ihrer Familie, insbesondere Ihres Partners oder – wenn Sie alleinerziehend sind – Ihres privaten Netzwerkes, hat das „Unternehmen Tagesmutter" wenig Sinn. Kinder spüren, wo sie willkommen sind und wo nicht. Das bedeutet konkret: Kommen Ihre eigenen großen Kinder aus Schule oder Kindergarten nach Hause, ist zwar klar, dass diese zunächst Aufmerksamkeit brauchen und bekommen sollten. Die ungeduldige Frage: „Wann wird Lisa denn endlich abgeholt?", ist dagegen tabu. Und auch ein spätnachmittags nach Hause kommender Partner sollte bereit sein, neben seinem eigenen Kind noch zwei, drei andere Kinder nach ihrem Tag zu fragen, sie auf den Arm zu nehmen oder ihre Werke zu bewundern. Marianne, 53:

> *Wenn ich jungen Kolleginnen, die mit ihrem Ehemann oder Partner zusammenleben, Tipps gebe, dann rate ich ihnen: Macht euch darauf gefasst, dass eure Tätigkeit das eigene Familienleben ganz schön durcheinanderwirbeln kann. Die ältere Tochter will plötzlich wieder schmusen oder gefüttert werden, der sonst so verständnisvolle Sohn knallt extra laut die Türen, wenn das Tageskind schläft, und auch euer Partner verzieht sich beleidigt an den Computer, wenn er nicht die gewohnte Portion Aufmerksamkeit bekommt.*

Gut geplant ist halb gewonnen

Haushaltsmanagement und Förderung der Kinder sind nicht leicht zu vereinbaren. Als Tagesmutter sind Sie Managerin des Alltags von zwei Familienformen. Deshalb ist es umso wichtiger, dass nicht nur Sie, sondern auch Ihre Familienangehörigen Ihre Tätigkeit als Beruf begreifen. Und das wiederum bedeutet ganz praktisch, dass die Hausarbeit neu verteilt wird.

Damit kommen wir zu einem nicht unwesentlichen Stressfaktor für Tagesmütter: Für Ihr Tageskind beziehungsweise Ihre Tageskinder ist es spannend und anregend, in die Hausarbeit integriert zu sein. Toilette reinigen, Wäsche aufhängen, Nudeln kochen, Möhren schälen, Kuchen backen … – wunderbar. Wer aber jemals versucht hat, mit mehreren zwei- und dreijährigen Kindern zu putzen oder zu backen, erinnert sich wohl eher an das Schwimmbad im Flur und die Mehlwolken in der Küche. Ein großer Teil der Tagesmütter verlegt deshalb die Hausarbeit in den Abend. Das Ergebnis sind erschöpfte Tagesmütter und ungehaltene Familienangehörige. In den Ausbildungen für Tagesmütter wird deshalb zwar empfohlen, die Kinder in die Hausarbeit einzubeziehen, die eigenen Ansprüche an Sauberkeit und Aufgeräumtheit jedoch deutlich zurückzuschrauben – oder sich eine Putzhilfe zu nehmen. Martina, 45, berichtet:

Ich arbeite am liebsten nach Plänen. Das war schon immer so, und jetzt hilft es mir als Tagesmutter, den Überblick zu bewahren. An der Eingangstür hängt von innen ein großes Plakat. Montags ist zum Beispiel Einkaufs- und Spielplatztag. Freitags kommt meine Putzhilfe und vorher räume ich mit den Kindern die Zimmer auf. Das ist auch ein guter Abschluss für die Woche und macht eigentlich allen Spaß.

Wenn Sie selbst viel Wert auf ein aufwendig gepflegtes Zuhause legen, bietet es sich vielleicht an, nur ein oder zwei Tageskinder halbtags aufzunehmen. Geht es Ihnen wie Marie-Luise, 49, dann träumen Sie von einer Großfamilie:

Mein Mann und ich kommen beide aus großen Familien mit vielen Geschwistern. Deshalb wollten wir auch viele Kinder haben, leider blieb es bei zweien. Aber als Tagesmutter bin ich den ganzen Tag von Kindern umgeben, den eigenen und fünf Tageskindern. Ich finde das wunderbar. Ich habe es einfach gerne, wenn es bei uns turbulent und wuselig ist. Dann fühle ich mich richtig lebendig. Zum Glück geht das meinem Mann auch so. Wann immer er es einrichten kann, versucht er, zu den Mahlzeiten dazuzukommen.

Ganz gleich, ob Sie ein Tageskind oder mehrere bei sich aufnehmen: Wenn Sie in einer Mietwohnung oder in einem Haus zur Miete wohnen, sollten Sie den Vermieter informieren. Und auch die Nachbarn wissen sicher gerne Bescheid, warum es bei Ihnen nun etwas bunter zugeht. Vielleicht macht es Ihnen auch Freude, gemeinsam mit den Kindern etwas für die unmittelbaren Nachbarn zu basteln, zu backen oder vorzubereiten. Zum einen können Familien mit Kindern immer Unterstützung und Verständnis gebrauchen. Je größer dieses (persönliche) Netzwerk ist, umso entspannter lebt es sich mit Kindern. Zum anderen gibt es immer mehr Menschen, die keinen direkten Kontakt mit Kindern gewohnt sind und deshalb unsicher oder schroff auf weinende Babys, brüllende Trotzkinder oder verschmierte kleine Fußballstars reagieren. Von einer „kindentwöhnten Gesellschaft" sprechen die Soziologen seit einigen Jahren, und der Westdeutsche Rundfunk überschrieb einmal einen Beitrag zu diesem Thema mit den Worten „Draußen ist nichts los".

Vermieter und Nachbarn

Erwartungen und Perspektiven

Professionelle Kindertagespflege ist keine erweiterte Hausfrauentätigkeit. Sie ist kein Babysitten und kein „Verwahren" von Kindern. Kindertagespflege ist allerdings auch (noch) kein Beruf mit festgelegten Ausbildungsstandards, selbst wenn wir hier weiterhin von „Beruf" sprechen. Auf alle Fälle sind die Ansprüche an Tagesmütter von offizieller Seite enorm gestiegen. Auch die qualifizierten Tagesmütter stellen an sich und ihre pädagogische Arbeit höhere Ansprüche als früher. Einzig die Eltern – so lassen manche Äußerungen vermuten – tun sich schwer, Tagesmütter als pädagogische Fachkräfte zu akzeptieren. Das hat Sarah, 28, erlebt:

Es ist manchmal schwer, den Eltern begreiflich zu machen, dass ich auch dann Geld von ihnen bekomme, wenn Ferien sind, wie eine Erzieherin in einer Einrichtung eben auch ihren Urlaub bezahlt bekommt. Dazu sagte mir einmal eine Mutter, die das nicht einsehen wollte: „Wenn meine Putzfrau Urlaub macht, bezahle ich sie ja auch nicht."

Es ist noch nicht allzu lange her, da konnte eine Tagesmutter die Frau von nebenan sein, die für ihr Einzelkind einen Spielkameraden suchte. Oder es war die langjährige Mutter und Hausfrau, die den Wiedereinstieg in den Beruf nicht fand oder nicht wollte. Tagesmutter, das konnte auch die Ehefrau und Mutter sein, die über eigenes Geld verfügen wollte, oder diejenige, die einer Alleinerziehenden zu Hilfe kam, wenn diese für ihr Kind keinen Platz in einer Kindertageseinrichtung fand.

Auch Hannelore, 68, nennt solche Gründe, die sie vor 30 Jahren bewogen haben, als Tagesmutter zu arbeiten:

Ich hatte Kinderkrankenschwester und Hebamme gelernt. Als meine drei Kinder in der Schule und im Kindergarten waren, wollte ich vormittags gerne wieder etwas mit Kindern machen, die Nachmittage und Ferien aber für meine Familie frei haben. Und so nahm ich einige Jahre Pflegekinder, wie das damals hieß, zu mir. Die Mütter arbeiteten als Lehrerinnen und brachten die Kinder um 7.30 Uhr und holten sie gegen 13 Uhr nach dem Mittagessen wieder ab. Dafür bekam ich pro Tag und Kind 20 DM, allerdings nur an den Tagen, an denen die Kinder bei mir waren, also nicht an Feiertagen oder wenn ein Kind krank oder bei der Oma war. Zu den Kindern von damals habe ich heute noch Kontakt, eines hat kürzlich geheiratet und mich zu seiner Feier eingeladen.

Tagespflege wird professioneller

Im Jahr 2008 sind die Beweggründe, sich für eine Fortbildung zur Tagesmutter zu entscheiden, ebenfalls häufig privater Natur. Solange Tagespflegeperson kein Ausbildungsberuf ist wie etwa Kinderpflegerin oder Erzieherin, wird das in vielen Fällen auch noch eine Zeit lang so bleiben. Durch die Vorgabe, eine Pflegeerlaubnis zu erwerben, wandelt sich jedoch die Einstellung zur Tätigkeit: Kindertagespflege wird mehr und mehr zu einem „richtigen" Beruf.

Ausbildung, Fortbildung, Zertifizierung

Wenn Sie Tagesmutter werden oder sich weiterqualifizieren wollen, führt Sie Ihr erster Weg zum für Sie zuständigen Jugendamt. Die Mitarbeiterinnen und Mitarbeiter dort sind zur Beratung in allen Fragen der Kindertagespflege verpflichtet. Hier bekommen Sie auch Adressen und Informationen über Qualifizierungskurse und Tagesmütter-Netzwerke in Ihrer Region.

Bevor Tagesmütter sich zu einem Kurs anmelden, sollten sie unbedingt Rücksprache mit dem zuständigen Jugendamt halten, empfiehlt das Kölner Amt für Kinder, Jugend und Familie. Denn wie viele Unterrichtsstunden für die Qualifizierung tatsächlich nötig sind, handhabt jede Kommune anders. So fordern die meisten Kommunen in Nordrhein-Westfalen 60 Unterrichtsstunden, andere aber weniger oder auch mehr. Und: Die Jugendämter erkennen oft nur die Abschlüsse der Bildungsträger an, mit denen sie zusammenarbeiten.

Es ist ebenfalls das Jugendamt, das Ihre persönlichen und räumlichen Voraussetzungen prüft und Ihnen die Erlaubnis zur Kindertagespflege erteilt. Für die Tätigkeit als Tagesmutter brauchen Sie bereits vom ersten Kind an eine Pflegeerlaubnis, die Ihnen erlaubt, bis zu fünf Kinder aufzunehmen. Die Pflegeerlaubnis bekommen Sie zunächst für maximal fünf Jahre, wenn die Mitarbeiterin oder der Mitarbeiter der Fachberatungsstelle feststellt, dass Sie für die Kindertagespflege geeignet sind.

Das Jugendamt prüft Ihre Eignung als Tagesmutter

> ## TIPP
>
> Sie dürfen noch mehr Kinder aufnehmen, wenn Sie sich mit anderen Tagesmüttern zu einer Großtagespflegestelle zusammenschließen, geeignete Räume anmieten und weitere pädagogische Fachkräfte anstellen. Möchten Sie eine solche Großtagespflegestelle betreiben, so stehen Sie mit Ihrem Angebot zwischen der familiären Tagespflege im eigenen Haushalt und dem Betreiben einer Einrichtung Auch hierzu sind die Bedingungen und Standards von Land zu Land, von Kommune zu Kommune unterschiedlich geregelt. Das Jugendamt Nürnberg (http://www.jugendamt.nuernberg.de) hat für seine Bürger und Bürgerinnen ausführliche Infos auf seine Homepage gestellt.

Die Pflegeerlaubnis erteilt das Jugendamt (oder ein vom Jugendamt bevollmächtigter freier Träger) unter folgenden Bedingungen (mehr dazu lesen Sie im Anhang):

▸ erfolgreiche Teilnahme an einem Qualifikationskurs zur Tagesmutter oder zum Tagesvater (in der Regel soll der Kurs mindestens 60 bis 80 Stunden umfassen),

▸ Vorlage eines Führungszeugnisses,

▸ Vorlage eines Gesundheitszeugnisses,

▸ Prüfung durch einen Hausbesuch, bei dem das Jugendamt die Räumlichkeiten beurteilt und die Tagesmutter oder den Tagesvater beim Umgang mit den Tageskindern beobachtet.

Wenn Sie die Erlaubnis zur Kindertagespflege erhalten haben, sind es wiederum die Mitarbeiterinnen und Mitarbeiter des Jugendamtes, die Ihnen weiterhelfen, wenn Sie auf die Suche nach Ihrem ersten Tageskind gehen. Entweder übernimmt das Amt die Vermittlung selbst oder es verweist Sie an sogenannte freie Träger – das können zum Beispiel Wohlfahrtsverbände sein –, die diese Aufgabe in Abstimmung mit den städtischen Ämtern übernehmen.

Bundesweit ist der Auf- und Ausbau der Kindertagespflege höchst unterschiedlich organisiert. Die Informationen, die Sie im Merkblatt für die Kindertagespflege in Nordrhein-Westfalen finden, können deshalb in Bayern, Hamburg oder Sachsen anders sein. Dies ist eines der vielen Dilemmas in der Kindertagespflege: Es gibt weder eine einheitlich geregelte Entlohnung noch verbindliche Ausbildungsstandards und auch keine bundesweit vergleichbare Infrastruktur.

Selbst innerhalb der Länder müssen Sie damit rechnen, dass die Infrastruktur für Kinderbetreuung in Tagespflege ganz unterschiedlich aussieht. Je professioneller sich der Bereich entwickelt, je stärker er sich einem Berufsbild mit all den dafür notwendigen Standards annähert und auch je stärker sich der Bund beim Thema Kindertagespflege einbringt, umso schneller kann wohl davon ausgegangen werden, dass sich die unterschiedlichen Ausprägungen einander annähern werden. Das gleiche gilt für den fachlichen Austausch der Tagesmütter und deren Vernetzung.

Das vorliegende Buch informiert Sie deshalb über wichtige grundsätzliche Themen – über das, was bei Ihnen vor Ort erwartet und angeboten wird, müssen Sie sich jedoch persönlich kümmern.

Als Beispiel sei hier die Situation in Bonn beschrieben. Dort erhalten Sie die Zertifizierung zur Tagesmutter über das Netzwerk „Kinderbetreuung in Familien". In diesem Netzwerk sind der Caritasverband, der Kinderschutzbund, die Katholische Frauengemeinschaft und das Katholische Bildungswerk, die Werkstatt Friedenserziehung und das Familien- und Nachbarschaftszentrum organisiert. Auf seinen Internetseiten (Stand: August 2008) informiert das Netzwerk:

Qualifizierungskurse, die mit einem Zertifikat abgeschlossen werden, erweitern die persönliche Kompetenz und vermitteln viele wichtige Inhalte für die Tagesbetreuung. [...]

Die Qualifizierung umfasst insgesamt 80 Unterrichtsstunden und gliedert sich in Teil 1 und Teil 2. Wir qualifizieren nach dem Curriculum des Deutschen Jugendinstituts, das vom Bundesverband für Kindertagespflege e. V. anerkannt ist.

Ziel von Teil 1 ist die Vorbereitung auf die Aufnahme des Tageskindes und die fachliche Auseinandersetzung mit den persönlichen Wünschen, Erwartungen und Anforderungen als Tagesmutter/Tagesvater. Er dient zur Weiterentwicklung vorhandener Erziehungskompetenzen, insbesondere im Bereich psychologischer, pädagogischer, rechtlicher und gesundheitsbezogener Themen.

Teil 2 ist praxisbegleitend und bezieht die Erfahrungen der Tagesmütter/Tagesväter ein. Grundlage ist die Kompetenzerweiterung, die Stärkung der Dialog- und Kommunikationsfähigkeit, das Erlernen von Konfliktlösungsstrategien sowie der Erfahrungsaustausch und die Bearbeitung von Problemen und Fragen aus dem Betreuungsalltag. Weitere Schwerpunkte sind die Analyse von Familiensystemen und die Vertiefung von pädagogischen, psychologischen und rechtlichen Fragen.

Beginn: jeweils im Frühjahr und Herbst

Die Teilnahmegebühr beträgt für Teil 1 und 2 zusammen 200,– EUR (Ratenzahlung ist nach Absprache möglich).

Nach der Teilnahme an beiden Kursen wird von uns ein qualifiziertes Zertifikat mit allen Inhalten der Ausbildung und der Anzahl der Unterrichtsstunden erstellt. Das Zertifikat ist vom Amt für Kinder, Jugend und Familie (Jugendamt) der Stadt Bonn anerkannt.

[...] Der Aufbaukurs [...] umfasst insgesamt weitere 80 Unterrichtsstunden, richtet sich nach dem Curriculum des Deutschen Jugendinstitutes (DJI) und schließt mit der Vergabe des Zertifikates „Qualifizierte Tagespflegeperson" durch den Tagesmütter Bundesverband ab.

Kosten: 200,– EUR.

(http://www.kinderbetreuung-in-familien.de/qualifizierung.php [März 2008])

In dem Text des Netzwerkes wurde das Ausbildungscurriculum des Deutschen Jugendinstitutes (DJI) in München bereits angesprochen. Die meisten seriösen Qualifizierungsangebote orientieren sich an dieser bundesweit anerkannten Fortbildung von Tagesmüttern. Die Fortbildung des DJI umfasst insgesamt 160 Unterrichtsstunden und gilt in der professionellen Tagespflege als Minimum an Qualifizierung.

Ausbildung durch das Deutsche Jugendinstitut (DJI)

Ein kleiner Ausschnitt aus dem insgesamt sehr umfassenden Inhalt des DJI-Curriculums:

▸ rechtliche und finanzielle Grundlagen der Tagespflege,
▸ Sicherheit drinnen und draußen,
▸ Ernährung in der Tagespflege,
▸ Kinder beobachten und wahrnehmen,

den finanziellen Ressourcen. Manche Netzwerke sind sehr gut und professionell ausgebaut, andere stehen erst am Anfang. Einige Bundesländer wie zum Beispiel Hessen und Niedersachsen bauen einheitliche Strukturen (Unterstützungssysteme) auf. In einigen Regionen gründeten sich Netzwerke aus Kommune, Wohlfahrtsverbänden und ortsansässigen Unternehmen wie zum Beispiel das Netzwerk in Eschborn für die Region Taunus (Hessen). Wenn Sie ein Netzwerk suchen, so ist auch hier das Jugendamt Ihr Ansprechpartner, der Sie gegebenenfalls weiterverweist. Die meisten Netzwerke stellen sich auf ihrer Homepage vor.

> ### TIPP
>
> Apropos Homepage: Einige Tagesmütter gestalten ihre eigene private Homepage, auf der sie Tipps weitergeben, politische Entwicklungen kommentieren, auf gesetzliche Regelungen hinweisen, einen Einblick in ihren Alltag geben oder Kontakt und Beratung anbieten. Als Beispiel sei hier http://www.tagesmutter-zeppelinheim.de genannt. Tagesmutter Marion Pehns zeigt auf ihren Seiten, wie persönlich und damit im besten Sinne individuell Tagespflege ist.

Bundesverband für Kindertagespflege

Auf Bundesebene gibt es den Bundesverband für Kindertagespflege mit Sitz in Krefeld (Nordrhein-Westfalen) als Fachverband für Kindertagespflege (ehemals Tagesmütter Bundesverband, Homepage: http://www.bundesverband-kindertagespflege.de). Er vergibt ein bundesweit gültiges Zertifikat für Tagesmütter, die sowohl den Lehrgang nach dem DJI-Curriculum absolviert als auch eine Prüfung abgelegt haben. Auf der Landesebene gibt es Verbände der Kindertagespflege, die sich dem Bundesverband angeschlossen haben und sich gemeinsam für bundesweit gültige Absprachen in der Kindertagespflege einsetzen. Gut ausgebaut ist zum Beispiel der Landesverband der Tagesmütter-Vereine in Baden-Württemberg mit rund 50 Tagesmütter-Vereinen und über 4.000 Tagesmüttern.

Pionierarbeit leisten Sie, wenn Sie in einer ländlichen Region wohnen, in der es noch keine professionelle Tagespflege gibt. Eine Anzeige in der Tageszeitung oder ein Aushang führt hier schnell dazu, dass sich eine Gruppe interessierter Tagesmütter findet, um sich regelmäßig – mit Kindern oder ohne – auszutauschen und fachlich zu unterstützen. Aus solchen informellen Treffen kann eine fachlich anspruchsvolle Praxisbegleitung entstehen, wenn man externe Fachberater oder Fachberaterinnen hinzuzieht.

Es geht nicht ohne Fachberatung

Wie hilfreich für Tagesmütter die Unterstützung durch eine Fachberatung sein kann, zeigt das Gespräch mit **Antje Beierling**, Sprecherin des Landesverbandes Kindertagespflege Nordrhein-Westfalen.

Vor dem Hintergrund neuer gesetzlicher Grundlagen für die Kindertagespflege kommen besondere Herausforderungen auf Tagesmütter zu.

Beierling: *Ja, seit 2005, als das Sozialgesetzbuch VIII durch die ergänzenden Gesetze TAG und KICK novelliert wurde, hat die Kindertagespflege erheblich an Bedeutung gewonnen. Den Tagesmüttern wird nun der gleiche Förderauftrag zugeschrieben wie den Erzieherinnen in den Kindertagesstätten. Damit macht sich die Kindertagespflege in eine Zukunft auf, die möglicherweise in einem neuen Beruf mit eigenen Ausbildungsstandards mündet.*

Was glauben Sie: Wie nah ist diese Zukunft?

Beierling: *Das ist wirklich schwer zu sagen, auch deshalb, weil über die Wege dorthin noch heftig debattiert wird. So lautet etwa eine Forderung der Gewerkschaft Erziehung und Wissenschaft (GEW), dass die Tagesmutter der Zukunft eine Ausbildung zur Erzieherin mit Schwerpunkt Kindertagespflege absolvieren sollte. Mit der Pflicht zur Qualifizierung, zu Fort- und Weiterbildung und mit der Pflegeerlaubnis ab dem ersten Kind haben wir bereits große erste Schritte getan. Ab 2009 werden Tagesmütter wie andere Selbstständige besteuert, das ist ein weiterer Schritt in Richtung Beruflichkeit, wenn auch einer, der manch eine dazu bringen könnte zu überlegen, ob sich diese Tätigkeit noch lohnt. Leider wird von der Kindertagespflege zwar viel erwartet, die Rahmenbedingungen stimmen aber noch nicht.*

Was genau fordern Sie?

Beierling: *Frühkindliche Bildung kann es nicht für ein Taschengeld geben. Kindertagespflege ist kein Hobby. In vielen Kommunen in Nordrhein-Westfalen erhalten Tagesmütter ein Entgelt, das weit entfernt ist von einer leistungsgerechten Vergütung. Das sieht in anderen Bundesländern nicht besser aus. Die Finanzierung muss deshalb dringend ausgebaut werden. Außerdem muss die Infrastruktur, also Fachberatung und Fachvermittlung, so gestärkt und ausgebaut werden, dass jede Tagesmutter Begleitung und Unterstützung er-*

hält, vor allem im Hinblick auf den massiven Ausbau der Betreuungsplätze in den kommenden Jahren.

Stichwort Begleitung und Unterstützung: Wie unterstützen die Fachberater und Fachberaterinnen Frauen und Männer, die in der Kindertagespflege arbeiten?

Beierling: *Sie informieren zunächst ganz allgemein über Möglichkeiten, Grenzen und Anforderungen der Kindertagespflege sowie über alle rechtlichen Rahmenbedingungen einschließlich der Finanzierung. Konkret unterstützen sie die Entscheidung der Tagesmütter, im Rahmen der Jugendhilfe zur Förderung von Kindern tätig zu werden. Sie übernehmen die Eignungsfeststellung, organisieren einen fachlichen Austausch zwischen den Tagesmüttern und bieten Fort- und Weiterbildung an. Darüber hinaus sind sie zuständig für die qualitätsvolle Weiterentwicklung der Tagespflegestelle und begleiten die Tagesmütter bei Kooperation und Vernetzung.*

Vermittelt Fachberatung auch zwischen Eltern und Tagesmüttern?

Beierling: *Ja, das ist eine weitere Aufgabe, die uns sehr wichtig ist. Es geht ja darum, dass das individuelle Angebot der Tagesmutter zu dem passt, was Eltern und Kinder brauchen. Die Fachberaterinnen halten auch nach der Vermittlung eines Kindes Kontakt zu den Tagesmüttern und Eltern, sodass sie über die aktuelle Situation in der Tagespflegestelle informiert sind, frühzeitig Unterstützung und Hilfe anbieten sowie die Erziehungspartnerschaft zwischen Eltern und Tagesmüttern stärken können. Da eine Tagesmutter die Pflegeerlaubnis jeweils nur für fünf Jahre erhält und dann neu begutachtet wird, kommen wir spätestens nach dieser Zeit wieder mit ihr in Kontakt.*

2. Mein Alltag, meine Aufgaben

Nachdem Sie nun einiges darüber erfahren haben, welche Qualifikationen Sie brauchen und welche Institutionen und Einrichtungen Ihre Ansprechpartner sind, wenden wir uns dem kindgerechten Alltag in Ihrer Tagesfamilie zu.

Rechte, Pflichten, Einkommen

Ihre wichtigste Aufgabe ist es, nach und nach eine verlässliche Beziehung zu Ihren Tageskindern aufzubauen. Die Ansprüche, die der Gesetzgeber formuliert, können nur dann erfüllt werden, wenn Ihnen die persönliche Beziehung zu Ihren Tageskindern und deren Wohlergehen am Herzen liegt.

Zu diesen Ansprüchen und damit Ihren Aufgaben gehört der Bildungsauftrag. Den Bildungs- und Förderauftrag, den Sie als Tagesmutter zu erfüllen haben, definiert das TAG. Hier wird Ihre Pflicht zu Erziehung, Bildung und Betreuung Ihrer Tageskinder dahingehend formuliert, dass die Orientierung am Kind, an dessen Interessen, Bedürfnissen und an seiner konkreten Lebenssituation im Mittelpunkt Ihrer pädagogischen Arbeit stehen muss. Diese sehr abstrakt und nah am Gesetzestext formulierten Sätze füllen sich in diesem und den weiteren Kapiteln mit Leben. Schrecken Sie nicht zurück, wenn Ihnen die Vokabel „Bildungsauftrag" zu anspruchsvoll vorkommt. Politik hat ihre eigene Sprache.

Das Tagesbetreuungsausbaugesetz (TAG) legt den Bildungsauftrag fest

Zu Ihren gesetzlichen Aufgaben gehört ebenfalls die Beaufsichtigung. Dazu ein Auszug aus dem *Handbuch Kindertagespflege* des Bundesministeriums für Familie, Senioren, Frauen und Jugend:

> *Die Eltern übertragen ihre Pflicht zur Aufsicht über ihr Kind für die Betreuungszeit an die Tagesmutter. Dabei spielt es keine Rolle, in welchem Arbeits- oder Dienstverhältnis die Tagesmutter ihre Tätigkeit ausübt. Die Aufsichtspflicht besteht auch ohne einen schriftlichen Vertrag, sobald die Betreuung eines minderjährigen Kindes übernommen wird. Eine Übertragung der Aufsichtspflicht kann im Betreuungsvertrag festgehalten werden. Gesetzliche Grundlage ist das Bürgerliche Gesetzbuch, vgl. §§ 823 ff. BGB.*
>
> *Die Tagesmutter übernimmt dabei sowohl die unmittelbare wie auch die mittelbare Aufsichtspflicht. Die unmittelbare Aufsichtspflicht bezeichnet die Aufsicht über alle Umstände einer unmittelbaren Situation – zum Beispiel, ob ein Ort oder ein Gegenstand, mit dem das Tageskind spielt, sicher und ungefährlich für das Kind ist. Die mittelbare Aufsichtspflicht geht noch darüber hinaus: Die/der Aufsichtspflichtige muss die Eigenschaften und den Charakter des Kindes abschätzen und dabei dessen Gefahrenbewusstsein oder seine Ängstlichkeit mit einbeziehen.*
>
> *Verursacht ein Tageskind einen Schaden, weil die Tagesmutter ihre Aufsichtspflicht verletzt hat, dann muss diese für den Schaden aufkommen.*
>
> (http://www.bmfsfj.de, *Handbuch Kindertagespflege,* Kap. 3.8.1 [August 2008])

Wie die Aufsicht zu führen ist, hängt also von verschiedenen Faktoren ab: den persönlichen Eigenschaften des Kindes, den Umständen der jeweiligen Situation sowie davon, was dem Aufsichtspflichtigen bei vernünftigen Anforderungen zugemutet werden kann. Zu den persönlichen Eigenschaften des Kindes gehören Alter, Entwicklungsstand, Charaktereigenschaften, bisheriges Verhalten und Erfahrung. An die Aufsicht über einen Dreijährigen werden demnach andere Anforderungen gestellt als an die über einen Vierzehnjährigen. Außerdem muss sich die Aufsichtspflicht auch nach den sonstigen Umständen richten und sich in Art und Umfang am Gefährdungsrisiko orientieren. So sind zum Beispiel die Anforderungen im Straßenverkehr oder beim Umgang mit gefährlichen Materialien besonders hoch. Weiterhin gilt, dass das Handeln der aufsichtsführenden Person pädagogisch nachvollziehbar begründet werden kann.

Aus diesen Erläuterungen wird deutlich, dass wegen der Situationsabhängigkeit keine Handlungsempfehlungen für eine „richtige" Aufsichtsführung im Einzelfall gegeben werden können. Sie sollten allerdings die nachfolgend genannten Pflichten beachten, um Vorwürfen wegen Aufsichtspflichtverletzung vorzubeugen.

▸ *Informationspflicht:* Informieren Sie das Kind gemäß seinem Alter und seiner Entwicklung über mögliche Gefahren, zum Beispiel bei Spiel, Sport, im Straßenverkehr, bei Ausflügen. Bei kleineren Kindern wird man das Hantieren mit Werkzeug erklären und vormachen. Ob, wie, in welchem Umfang und wie oft Kinder informiert und ermahnt werden müssen, richtet sich nach der Einsichtsfähigkeit des Kindes und der Gefahrensituation. Sicher werden Sie manches öfter wiederholen müssen.

▸ *Überwachungspflicht:* Belehrungen und Ermahnungen allein reichen nicht immer aus. Sie müssen sich auch vergewissern, ob das Kind alles verstanden hat und Ihre Anweisungen auch befolgt. Das heißt aber nicht, dass ein Kind ständig beaufsichtigt werden muss. Auch das ist abhängig vom Alter und Entwicklungsstand des Kindes sowie der Situation. Urteilsbegründungen zufolge muss bei einem über vierjährigen Kind keine jederzeitige Eingriffsmöglichkeit der Aufsichtsperson mehr gewährleistet sein. Daraus folgt, dass Sie bei einem kleineren Kind jederzeit in der Lage sein müssen, Gefahren abzuwenden.

▸ *Pflicht zum Eingreifen:* Falls das Kind sich so verhält, dass es mit hoher Wahrscheinlichkeit einen Schaden erleidet oder anrichtet, ist es Ihre Pflicht einzugreifen.

Tagespflege beruht auf einer Vereinbarung zwischen den abgebenden Eltern beziehungsweise den Sorgeberechtigten und der Tagespflegeperson über die Art und den Umfang der Betreuung des Kindes. Eine solche Vereinbarung sollte schriftlich und von beiden Seiten unterschrieben vorliegen. Mindestens enthalten sein sollten neben den persönlichen Angaben zu Kind, Eltern sowie Pflegestelle der Stundenumfang der Betreuung, die Bezahlung sowie sämtliche besonderen Regelungen (mehr dazu auf Seite 97). Betreuungsvertrag

Zu Ihren Rechten gehört vor allem die freie Gestaltung Ihrer Arbeitszeit, das absolute Plus jeder selbstständigen Erwerbstätigkeit. Diese Freiheit ist nach wie vor ein wesentlicher Grund, warum sich Frauen mit eigenen Kindern für die Tätigkeit einer Tagesmutter interessieren. Auch in der Ausführung Ihrer Tätigkeit sind Sie relativ frei, soweit Sie sich qualifiziert haben und sich an dem erworbenen Wissen orientieren.

Wie alle beruflich selbstständigen Menschen können Sie auch Ihre Entlohnung selbst festlegen, allerdings in einem eher bescheidenen Rahmen. Zur Entlohnung hinzu kommt eventuell ein pro Tag und pro Kind pauschal anfallendes Verpflegungsgeld. Die Stundenlöhne variieren auch danach, ob Sie vom Jugendamt vermittelte Kinder aufnehmen oder nicht. Auf das Thema Selbstständigkeit (Versicherungen, Steuern, Stundenlohn) geht der Anhang ein. Tagesmutter Nadja Esser gibt in dem Gespräch am Ende des Kapitels Auskunft über ihre Preisgestaltung.

Wie komme ich zu „meinem" Tageskind?

„Hallo zusammen! Ich heiße …, bin 25 und komme aus …, bin verheiratet und habe einen 18 Monate alten Sohn. Wir suchen noch ein oder zwei Tageskinder zur Betreuung. (Habe den Qualifizierungskurs beim Bundesverband für Kindertagespflege gemacht.) Wir freuen uns auf eure Mail!!!"

So wie in diesem Internet-Forum geht es natürlich auch. Es gibt viele Wege, Tageskinder zu suchen und zu finden. Der offizielle Weg führt ins Jugendamt, zu Wohlfahrtsverbänden, zu Tagesmüttervereinen oder zu anderen freien Trägern der Jugendhilfe, wie sie im ersten Kapitel beschrieben wurden. Dieser Weg hat den Vorteil, dass Sie dann verbindlich als Tagesmutter registriert und möglicherweise über eine Sammelversicherung (Näheres siehe Anhang) auch abgesichert sind. Außerdem wird dort eine Kartei geführt, in der sowohl Ihr Profil als Tagesmutter (zum Beispiel Anzahl der Kinder, Betreuungszeit, räumliche Bedingungen, Qualifizierung, Alter) als auch die Wünsche und Anliegen der Eltern festgehalten sind. Die Vermittlerinnen bei diesen Stellen helfen, dass sich Tagesmütter und Eltern finden. Im Internet haben sich ebenfalls Vermittlungsbörsen für Tagesmütter und Eltern etabliert.

Der private Weg läuft über Mund-zu-Mund-Propaganda, Internet oder über – schlicht, aber wirkungsvoll – Aushänge in Geschäften und Treffpunkten der Nachbarschaft und Umgebung. Zumindest für Städte und für das städtische Umfeld gilt: Freie Plätze bei qualifizierten und liebevollen Tagesmüttern sind heiß begehrt.

Gestaltung des Tagesablaufs

Ein klarer, verständlicher und sinnvoller Tagesablauf gehört zum A und O jeder Familie, also auch der Tagesfamilie. Klare Rahmenbedingungen geben Sicherheit und Orientierung. Je kleiner das Kind, umso stärker orientiert es sich an immer wiederkehrenden Handlungen und Abläufen. Das hat damit zu tun, dass Kinder erst nach und nach ein Zeitgefühl entwickeln. Frühestens im Grundschulalter erreichen sie in etwa das Zeitgefühl eines Erwachsenen. Mit Zeitangaben wie „in einer halben Stunde" oder „später" kann ein Kind in den ersten zwei Jahren nichts anfangen. Wohl aber mit einer Erklärung, was nacheinander passiert: „Nach dem Essen gehen wir in den Garten und danach kommt deine Mama".

Tagesmutter Nadja Esser aus Nordrhein-Westfalen hat gute Erfahrungen mit einer klaren, für die Kinder einsichtigen Tagesstruktur gemacht. Am Ende des Kapitels kommt sie noch einmal in einem Gespräch zu Wort. Hier beschreibt sie ihren Tagesablauf:

Kinder haben ein anderes Zeitgefühl

6.30 Uhr: Das ist meine halbe Stunde, in der ich eine Tasse Kaffee trinke, mich fertig mache und auf den Tag einstimme.

7.00 Uhr: Weckzeit für meine beiden Großen, die schon in die Schule gehen.

7.30 Uhr: Jetzt kommt das erste Tageskind. Inzwischen ist auch mein jüngster Sohn wach geworden und in die Küche gekommen. Gemeinsam decken wir schon einmal den Frühstückstisch.

Zwischen 8.00 und 8.30 Uhr kommen die anderen Kinder. Sie sind alle im Alter von zwei bis drei Jahren und begrüßen sich herzlich und fast immer gut gelaunt.

8.30 Uhr: Gemeinsames Frühstück. Ich schnipple dazu Obst und Rohkost. Vorher haben wir gemeinsam überlegt, welche zwei Kinder mir heute dabei helfen dürfen. Beim Frühstück entscheiden wir auch, was wir nachher machen. Wenn es nicht in Strömen regnet, gehen wir raus, entweder zum nahe gelegenen Wald mit einem kleinen Bach, zum Spielplatz oder in den Garten.

Das Frühstücken ist immer gemütlich und kann manchmal bis zu einer Stunde dauern. Die quirligen Jungs verziehen sich in der Zeit auch schon mal zum Spielen in eines der beiden Kinderzimmer. Nach dem Frühstück räumen wir den Tisch ab und machen gemeinsam sauber.

Ca. 10.00 Uhr: Um diese Zeit sind wir meistens so weit, dass sich alle – alleine oder mit Hilfe – angezogen haben und wir loskönnen. Die Reste vom Frühstück und Getränke sind eingepackt, sodass wir etwas für ein kleines Picknick dabei haben. Es kommt natürlich auch schon mal vor, dass ein Kind keine Lust hat, rauszugehen. Dann schlage ich meistens ein Sammel-Spiel vor, zum Beispiel „Wer findet den schönsten Stein?" oder „Wer sammelt die meisten bunten Blätter?". Dann sind alle mit Feuereifer bei der Sache.

12.00 Uhr: Jetzt sind wir wieder zu Hause und ich bereite das Mittagsessen vor, das meistens gegen 12.30 Uhr fertig ist. Die Kinder decken den Tisch. Vor dem Essen beten wir oder sprechen einen kleinen Reim oder auch beides, je nachdem, was sich die Kinder wünschen. Nach dem Essen habe ich den großen Luxus, dass die Kinder den Nachtisch bei meiner Mutter, die nebenan wohnt, bekommen und dort essen dürfen. Das ist für uns alle ein kleiner Höhepunkt des Tages. Anschließend decken wir den Tisch ab, fegen und räumen die Spülmaschine ein.

Zwischen 13 und 13.30 Uhr werden bereits die ersten Kinder abgeholt. Der Nachmittag für die anderen beginnt mit der Mittagspause, ich lese Geschichten vor, wir kuscheln zusammen und dann geht jeder in sein Bettchen.

15.00 Uhr: Wenn alle wach sind, essen wir eine Kleinigkeit zusammen, meistens Obst oder Joghurt, und dann können die Kinder entweder in den Kinderzimmern spielen oder in den Garten gehen. Dort stehen Rutsche und Sandkasten, verschiedene Kinderfahrzeuge, auch mehrere Laufräder. Die sind von meinen großen Kindern und von Flohmärkten dazugekauft. So nach und nach werden dann alle abgeholt. Jedes Kind verabschiedet sich von allen persönlich, wir winken ausführlich und um 17 Uhr kommen dann auch meine Zwillinge aus der Schule.

Die Regelmäßigkeit von Essens-, Schlafens-, Wasch- und Spielzeiten schafft Übersichtlichkeit und erspart ständige Diskussionen. Kinder erleben die Regelmäßigkeit im Tagesablauf als etwas Sinnvolles, denn sie hilft, die verschiedenen Bedürfnisse zu bündeln und Notwendiges ganz selbstverständlich zu tun. Wenn die Regeln feststehen, kann über die Ausnahme verhandelt werden, nicht aber über die Regel selbst. Gut gelaunte Ausnahmen sind dann die Krönung.

Eine Struktur bleibt dabei nicht endlos gültig. Sobald sich Alter und/oder Umstände ändern, sollten Sie eine neue Struktur finden. Manche Menschen fühlen sich in einem eng geführten Tagesrhythmus wohler als in einem sehr weiten, in dem nur die Fixpunkte Essen und Schlafen festgelegt sind. Machen Sie sich die Mühe herauszufinden, was Ihnen und Ihrer Familie guttut. Die Erfahrung zeigt, dass zu Beginn Ihrer Tätigkeit als Tagesmutter kleine Tageseinheiten mehr Sicherheit geben. Übrigens: Auch besonders unruhigen Kindern tut ein etwas strenger geführter Ablauf gut.

Rituale

Ein strukturierter Tagesablauf schafft Platz für Rituale. Diese wiederum geben Gelegenheit zu Pausen, zum Innehalten. Die Autorin Gertrud Kaufmann-Huber hat in ihrem Buch *Kinder brauchen Rituale* sehr schön dargelegt, wozu Rituale sinnvoll eingesetzt werden können. Rituale können ihr zufolge mehrere Aufgaben haben:

▸ den Tagesablauf regeln,
▸ Beziehungen festigen,
▸ Geborgenheit geben,
▸ Freiraum schaffen für Muße und für Kreativität,
▸ Angst bewältigen.

Rituale müssen sorgfältig gestaltet werden

Stehen Sie am Beginn Ihrer Arbeit als Tagesmutter, dann liegt vor Ihnen die Aufgabe, einen neuen, noch nicht so vertrauten Alltag für sich und ihre beiden Familien zu gestalten. Da wollen die Rituale gut überlegt werden, damit sie nicht zu einem zusätzlichen Stressfaktor geraten. Hier einige Anregungen aus verschiedenen Tagesfamilien:

▸ Mit Tagesmutter Kerstin singen die Kinder vor dem Essen ein kleines Lied.
▸ Bei Tagesvater Raimund wird – sobald alle Kinder eingetroffen sind – zur Begrüßung ein Reigen getanzt.
▸ Bei Tagesmutter Michaela endet der Tag mit einer Vorlesegeschichte.
▸ Bei Tagesmutter Nelly hat jedes Kind seinen Schatzkoffer. Am Ende jeden Tages legen die Kinder dort etwas hinein, womit sie sich am nächsten Tag beschäftigen möchten.
▸ Bei Tagesvater Heiko begrüßen und verabschieden die Handpuppen Felix und Fatma die Kinder.

TIPP

Im Ausbildungsordner des DJI ist ein kurzes, freundliches Verabschiedungslied abgedruckt. Der Text lautet:

Wir gehn nun auseinander,
wir spielten allerlei.
Von Menschen und von Tieren
und du warst mit dabei.

Nicht an den Tagesablauf gebundene Rituale können Sie sich für unzählig viele Anlässe überlegen. Hier eine Auswahl:

▸ Wochenanfang und Wochenabschluss,
▸ der letzte Tag vor und nach den Ferien,
▸ ein krankes Kind kommt wieder in die Tagesfamilie,
▸ Geburtstage,
▸ Beginn und Ende der Jahreszeiten,
▸ alle Feiertage, bei Kindern aus anderen Kulturen auch deren Festtage,
▸ ein neues Kind kommt zur Tagesmutter, ein Kind verlässt die Tagesmutter,
▸ Geburt eines Geschwisterchens.

Es ist eine schöne Bestätigung, wenn Sie bereits nach kurzer Zeit feststellen können, wie reibungslos und gut gelaunt das Zusammenleben klappt. Erfahrungsgemäß gewöhnen sich kleine und größere Kinder gerne an klare Regeln und fordern die Einhaltung von Regeln von sich aus ein.

Essen, Trinken, Sauberkeit

Mahlzeiten sind wie geschaffen für Rituale, wenn Sie mit den Kindern das Essen nicht zufällig, sondern bewusst einnehmen. Da reicht es schon, den Tisch freundlich und ansprechend zu decken, einen Tischgruß oder ein Tischgebet zu sprechen, erst mit dem Essen zu beginnen, wenn jeder etwas auf seinem Teller beziehungsweise seine Frühstücksdose bereitgestellt hat. Belastende Gespräche, etwa über eine Streiterei, Streitereien selbst oder gar ungemütliches Schweigen sollten bei den Mahlzeiten tabu sein. Sie schlagen im wörtlichen wie im übertragenen Sinne „auf den Magen".

Gesunde Ernährung schafft gesunde Kinder. Als verantwortliche Tagesmutter kennen Sie die wichtigsten Informationen zu Essen und Trinken. Deshalb wird an dieser Stelle nicht allzu ausführlich darauf eingegangen. Zu gesundem Essen für Kinder und entspannten Mahlzeiten mit Kindern hält der Buchhandel eine ganze Palette verständlicher und preisgünstiger Bücher bereit, die voller Anregungen stecken. Die Bundeszentrale für gesundheitliche Aufklärung (http://www.bzga.de) verschickt gut aufbereitete und farbig illustrierte Broschüren. Das Internet ist eine wahre Fundgrube für schnelle, preiswerte und abwechslungsreiche Mahlzeiten für Kinder. Auch die Leihbüchereien sind gut mit entsprechender Literatur versorgt. Nicht zuletzt gehören Seminare rund um das Thema Mahlzeiten mit Kindern bei verschiedenen Bildungsträgern zum Jahresprogramm.

Stellen Sie sich aber darauf ein, dass Essensthemen auch immer wieder ein Zankapfel im Gespräch mit Eltern sein können: Die einen lehnen Süßigkeiten strikt ab, andere handhaben das sehr großzügig. Für die einen gehört Fleisch zu einer vollständigen Mahl-

Gesunde Ernährung für Kinder

Essen wird oft zum „Zankapfel"

zeit dazu, andere wünschen, dass ihre Kinder vegetarisch ernährt werden, und wieder andere bestehen auf Biokost.

An dieser Stelle eine Anregung von Tagesmutter Anne:

Jeden Tag hilft mir ein anderes Kind beim Kochen. Ich habe fünf Kinder bei mir im Haus, und das kommt prima hin. Am Freitag stellen wir den Essensplan für die nächste Woche zusammen auf, und natürlich darf sich jedes Kind einmal etwas wünschen. Ich passe nur auf, dass wir abwechslungsreich essen. Wenn die Hauptspeise an einem Tag zum Beispiel aus Nudeln mit Tomatensauce besteht, kommt eben noch ein Rohkostteller dazu. Was es nicht gibt, sind Pommes frites. Mit einer Ausnahme: wenn ein Kind Geburtstag hat und sich Pommes frites wünscht. Das wiederum hat dazu geführt, dass es nun bei jedem Geburtstag Pommes gibt. Die Eltern bringen an diesem Tag meistens einen Kuchen mit, sonst gibt es bei mir keine Süßigkeiten.

Tipps zur Ernährung von Kindern

Einige grundsätzliche Informationen: Nicht nur Pommes frites sollten vom Speisezettel verbannt werden, auch Toast, Brötchen, Weißbrot, Pizzateig sowie Nudeln aus wertarmem Feinmehl und Reis. In der Vollwert- und Vollkornvariante ist dagegen alles erlaubt. Müsliriegel oder Fertigmüslis sollten Sie ersetzen durch Selbstgemischtes. Das macht auch den Kindern Spaß. Gehen Sie mit Wurst und Fleisch ebenfalls zurückhaltend um. Als Faustregel gilt: Dreimal in der Woche Fleisch oder Wurst reichen. Wenn Sie davon ausgehen können, dass die Kinder am Wochenende bei ihren Eltern sowieso Fleisch und Wurst essen, reicht bei Ihnen bereits eine einzige Fleischmahlzeit. Salzen Sie sparsam, denn viele Nahrungsmittel sind schon gesalzen. Verwenden Sie jodiertes Salz.

Als Zwischenmahlzeiten eignen sich: Knäckebrot und Reiswaffeln, klein geschnittenes Obst und Rohkost, gerne mit Dip zum Tunken. Statt Frucht- oder gar Schokojoghurts bieten Sie besser Naturjoghurt an, der nach Belieben mit Marmelade oder kleinen Obststückchen verziert werden darf. Das Problem bei Fertigjoghurts ist: Sie sind in den meisten Fällen zu fett und zu süß und verderben den Geschmack für „echtes" Obst.

Sie wundern sich vielleicht über diese Vorgaben und bezweifeln, dass die Kinder sich darauf einlassen. Aber glauben Sie erfahrenen Tagesmüttern: In aller Regel wird das, was bei den Mahlzeiten mit den eigenen Eltern misstrauisch beäugt wird, bei der Tagesmutter und in der Gesellschaft anderer Kinder klaglos akzeptiert.

Dass bei Kindern mit Ernährungsunverträglichkeiten oder Allergien der Speiseplan mit den Eltern abgestimmt wird, versteht sich sicher von selbst. Und ansonsten gilt: Je mehr Kinder mit den Händen selbst machen können, umso attraktiver wird für sie das Essen. So ist eine Rohkostplatte mit Dip, von der sich jeder sein Salattellerchen alleine zusammenstellen kann, spannender als ein fertig angerichteter Salat.

Zum Thema Trinken: Kinder sollten viel und regelmäßig trinken und auch dazu angehalten werden. Mineralwasser mit einem Schuss Apfel- oder Orangensaft (keine fertig gekaufte Schorle) reicht vollkommen aus. Mögen die Kinder zu Hause auch quengeln: Bei Ihnen werden sie Mineralwasser „pur" oder ungesüßte Frucht- und Kräutertees (keine Fertigmischungen) gerne trinken. Als Faustregel gilt hier: Kleinkinder brauchen etwa drei bis vier Gläser Wasser am Tag, nach viel Bewegung oder bei großer Hitze auch sehr viel mehr.

Noch einige Ratschläge aus der Fachliteratur rund um das Thema gemeinsame Mahlzeiten:

Mit Kindern Mahlzeiten einnehmen

▸ Heftige und wiederholte Ablehnungen eines bestimmten Lebensmittels sollten Sie respektieren.

▸ Es muss nicht alles aufgegessen werden, was auf dem Teller liegt. Halten Sie aber schon die Jüngsten dazu an, sich für kleine Portionen zu entscheiden. Nachschläge sind erlaubt, solange es für alle reicht.

▸ Geben Sie selber auch nur kleine Portionen auf. Ein voller Teller kann „blockieren" und schon vom Ansehen satt machen.

▸ Essensvorlieben sind altersabhängig und können schwanken. Bitte keine Vorwürfe nach dem Motto: „Aber letzte Woche war das doch dein Lieblingsgemüse!"

▸ Auch ein wechselnder Appetit – von Heißhunger zur Appetitlosigkeit und zurück – ist normal und kein Grund zur Sorge. Solche Phasen gleichen sich bei einem gesunden Kind wieder aus.

▸ Kein Kind muss probieren. Sie können die Kinder aber freundlich anregen, von dem einen oder anderen zu kosten.

▸ Mahlzeiten sind kein Kampffeld und Nahrungsmittel sind kein geeignetes Mittel, um zu belohnen oder zu strafen. Was im Alltag geklärt und berücksichtigt wird, muss sich nicht am Tisch breitmachen.

Ein Tipp von Tina:

> *Wenn eines meiner Kinder gerade besonders selbstständig wird und alles allein machen will, darf es am Tisch besonders viel entscheiden, selbst solche Sachen, die bisher ganz selbstverständlich waren. „Möchtest du im Hochstuhl essen oder auf dem Stuhl?", „Möchtest du das gelbe Lätzchen oder das mit dem Häschen?", „Möchtest du erst die Kartoffeln oder erst das Gemüse?", „Isst du heute mit dem Löffel oder mit der Gabel?" und so weiter. Dann hat es das Gefühl, ganz viel bestimmen zu können. Um das Essen selbst gibt es dann kein Theater mehr.*

Tagesmutter Carmen aus Falkensee (bei Berlin) stellt ihre „Zwergenburg" im Internet vor (http://www.carmen-tagesmutter.de). Auf ihren lebendig geschriebenen Seiten gibt sie unter anderem einen kurzen Einblick, auf was sie bei Ernährung und Sauberkeitserziehung achtet.

Und da sind wir auch schon beim nächsten Thema. Je mehr Stunden am Tag und je häufiger Ihr Tageskind bei Ihnen ist, umso stärker kommt auch das Thema Körperpflege und Sauberkeitserziehung ins Spiel. Dazu gehört das Wickeln und Versorgen des Windelbereiches bei Säuglingen, später das Sauberwerden und Üben des selbstständigen Toilettengangs, das Händewaschen vor den Mahlzeiten und das Zähneputzen danach, die Sonnenpflege und das Eincremen rauer Sandkastenhände.

Wenn Sie die Wickelzeit für die Kleinsten mit Schmusen, liebevollen Kitzelspielen und anderen Zuwendungen verbinden, schlagen Sie gleich mehrere Fliegen mit einer Klappe: Sie bauen Vertrauen und Bindung auf, erfüllen die hygienischen Bedürfnisse und fördern Motorik und Körperwahrnehmung (mehr dazu in Kapitel 4).

Kleinkinder machen sich noch häufig schmutzig. So vieles will erkundet und selbst gemacht werden: Getränke einschenken, volle Teller transportieren, mit Sand und Wasser matschen, am Wasserhahn spritzen, mit pitschnassen Lappen sauber machen, Purzelbaum im Sandkasten üben, hemmungslos in Pfützen springen, im Sand wühlen … nicht schimpfen! Lieber dreckig und vergnügt als sauber und verhalten.

Manche Tagesmütter lassen sich von den Eltern Wäsche zum Wechseln mitgeben, andere haben einen kleinen Vorrat an Socken, Pullis, T-Shirts, Hosen und Unterwäsche unterschiedlichster Größe angelegt. Wie auch immer: Ein „begossener Pudel" oder ein vor Dreck starrender kleiner Schmutzfink sollte kein Problem sein. Wenn eine Dusche nötig ist und das Kind nicht davor zurückschreckt: So wenig Seifenmittel wie nötig verwenden, es trocknet die zarte Kinderhaut unnötig aus; oft reicht schon warmes Wasser.

Experten und Expertinnen sagen: Wichtiger als Sauberkeit und Hygiene ist der ungehemmte Aufenthalt im Freien. Sie können kaum etwas Besseres für die geistige und körperliche Entwicklung Ihres Tageskindes tun, als es nach Herzenslust krabbeln, rutschen, klettern, toben, planschen und im Sand buddeln zu lassen. Und: Keine Angst vor Nässe und Kälte. Ein Kind erkältet sich nicht, weil es draußen regnet oder schneit, sondern weil es sich zu viel drinnen aufhält. Noch ein Wort zum Thema Sonne: Jeder Sonnenbrand muss vermieden werden. Besser bereits vor dem Gang ins Freie Sonnencreme auftragen und bei Ausflügen oder Schwimmbadbesuchen auf leichte, langärmelige Oberteile, Hosen und Kopfbedeckung achten. Und trotzdem: Sonne tut in Maßen gut, dem Körper, der Haut und der Seele.

Raumgestaltung

Für die Raumgestaltung Ihrer Wohnung oder Ihres Hauses gibt es einige Anforderungen zu berücksichtigen, die Sie ganz nach eigenen Vorstellungen umsetzen, gegebenenfalls einschränken oder ergänzen können.

Grundsätzlich sollten Sie folgende Ansprüche erfüllen können:

- sichere und ansprechende Spiel- und Bewegungsmöglichkeiten drinnen und draußen, zum Beispiel Kinderzimmer, Garten oder nahe gelegener Park, Wald oder Spielplatz,
- Angebote der Ruhe und des Rückzugs, zum Beispiel eine Kuschelecke,
- verschiedene Schlafmöglichkeiten, angepasst an das Alter Ihrer Tageskinder, zum Beispiel ein Gitterbett,
- Waschgelegenheiten,
- Kochgelegenheit,
- kindgerechtes Mobiliar, zum Beispiel Hochstuhl, kleine standfeste und rutschsichere Hocker.

Ihre Räume sollten sauber, freundlich, funktional sein und insgesamt einen offenen und einladenden Eindruck machen. Die Anzahl der erforderlichen Räume ist nicht festgelegt. Überdenken Sie ihre eigene familiäre Situation, berücksichtigen Sie Alter und Anzahl der Kinder, die Sie aufnehmen möchten, und entscheiden Sie dann, wie der vorhandene Platz aufzuteilen ist. Freundliche Räume

Im Internet treffen Sie auf Seiten von Tagesmüttern, die Fotos ihrer Kinderzimmer und Außenanlagen zeigen. Dort können Sie sich ein Bild davon machen, wie vielfältig, kreativ und originell Spiel- und Ruheräume für kleine und große Kinder gestaltet sein können. Ein gelungenes Beispiel finden Sie auf den Seiten von Marion Pehns, die Sie bereits im ersten Kapitel kennengelernt haben (http://www.tagesmutter-zeppelinheim.de). Auch Tagesmutter Sylvia Uhlig aus Chemnitz hat sich die Mühe gemacht, ihre Räume zu fotografieren (http://www.tagesmutti-chemnitz.de). Aber wie gesagt: Dies ist nur eine minimale Auswahl aus der Fülle der Tagesmütter-Seiten im Netz.

Ankommen, Abschiede, Übergänge

Wenn Sie ein Kind als Tageskind zu sich nehmen, sind die ersten Tage und Wochen entscheidend dafür, ob es sich bei Ihnen wohlfühlt, sich angenommen und geborgen fühlt. Jede Trennung von Mama oder Papa bedeutet für Kinder Stress, der übrigens bereits bei zwei Monate alten Babys durch den Anteil des Stresshormons Cortisol im Speichel des Kindes messbar ist. Was bedeutet das nun konkret? Unter http://www.laufstall.de – ein Portal für Kindertagespflege, das Informationen rund um das Thema Tagespflege bereitstellt – wurde folgende ausführliche Beschreibung der Eingewöhnungsphase veröffentlicht: Die Eingewöhnungsphase

Eltern sollten die Eingewöhnung begleiten
Optimal ist es, wenn die erste Orientierung des Kindes in Ihrer Wohnung durch Vater oder Mutter des Kindes

Beginnen Sie mit dem Thema Kindergarten mindestens zwei Monate, bevor der große Tag da ist. Übertragen Sie dem großen „Bald-Kindergartenkind" kleine Extra-Aufgaben, die es mit Stolz und Selbstbewusstsein erfüllen. Wenn der Kindergarten in der Nähe liegt, bieten sich bei gutem Wetter – wenn die Kinder dort vermutlich ebenfalls draußen spielen – kleine Spaziergänge an, um einmal dem Treiben zuzuschauen. Inzwischen ermöglichen immer mehr Einrichtungen regelmäßige Schnupper-Nachmittage, wo sowohl Tagesmütter als auch Eltern gern gesehene Gäste sind.

Ideen zum Abschied

Gelungene Übergänge machen stark. Um sich und Ihren Kindern den Abschied leichter zu machen, kommen Tagesmütter auf liebevolle Ideen. Eine Auswahl:

▸ Marie-Luise: *Ich schenke meinen Kindern ein gerahmtes Gruppenfoto und ein Kuscheltier zum Abschied.*

▸ Caren: *Ich lege für jedes Kind von Anfang an so etwas wie ein Tagebuch an. Das ist ein Fotoalbum, in welches ich Lieder, Sprüche, Fotos, Erinnerungen an Ausflüge oder an besondere Aktionen sammle und einklebe oder reinschreibe. Auch „Kindermund-Zitate" halte ich auf den Seiten fest. Am vorletzten Tag bekommen meine Tageskinder das Buch, am letzten Tag feiern wir gemeinsam mit den Eltern Abschied.*

▸ Silke: *Die Tageskinder, die in die Kindertagesstätte gehen, bekommen von mir eine kleine selbst gemachte Kindergartentüte, ähnlich einer Schultüte, nur eben kleiner. Gefüllt wird sie von den Eltern.*

▸ Eva: *Wir basteln in der letzten Woche mit allen Kindern eine „Abschieds-Collage" auf farbigem DIN-A3-Papier. Da kommen Fotos drauf und Gemaltes, die Kopie des Lieblingsliedes aus dem Liederbuch, getrocknete Gräser und Blumen und was uns so einfällt. Im Baumarkt besorge ich einen einfachen Holzrahmen, den bemalen und verzieren wir und rahmen damit die Collage.*

▸ Bernd: *Bei mir liegt immer eine kleine Kamera griffbereit, um Fotos vom Alltag zu machen. Daraus mache ich einen Jahreskalender für jedes Kind, das uns verlässt. Auf die Blätter schreibe ich dann noch einen kleinen Reim aus der Zeit bei mir.*

Dem einen Kind fällt der Abschied schwerer, dem anderen leichter. Manche schaffen den Absprung zunächst gar nicht. In solchen Fällen hat es sich bewährt, wenn Eltern, Tagesmutter und Erzieherin gemeinsam überlegen, wie der große Schritt zu bewältigen ist. Ein Zurück zur Tagesmutter, vielleicht für einige Monate, sollte beim Kind auf keinen Fall als „Versagen" in Erinnerung bleiben, vielmehr als neuer Anlauf. Sie können darauf vertrauen, dass jedes Kind selbst bestrebt und motiviert ist, diesen Entwicklungssprung zu schaffen. Fällt es ihm besonders schwer, braucht es gleichermaßen Zuwendung und Ermutigung.

Betreuungslücken bei Kindergarten- und Schulkindern

Und manchmal ist der Abschied gar kein richtiger Abschied. Manche Tagesmütter behalten ihre Kinder bis in die Schulzeit, zum Beispiel dann, wenn die Öffnungszeiten der jeweiligen Einrichtung und die Arbeitszeiten der Eltern nicht zusammenpassen. Es ist nicht unüblich, dass Tagesmütter die Betreuungslücken füllen, bis die Arbeitszeit der Eltern beendet ist.

Ernährung ist mein Steckenpferd

Gespräch mit Tagesmutter **Nadja Esser**, Rhein-Sieg-Kreis (Nordrhein-Westfalen).

Sie gelten seit Jahren als beliebte Tagesmutter im Rhein-Sieg-Kreis, haben selbst drei Kinder, fünf weitere kommen zu Ihnen ins Haus. Worauf legen Sie besonderen Wert?

Esser: *Am wichtigsten ist mir, dass die Kinder sich bei mir zu Hause fühlen und dass die Eltern mir vertrauen. Meine Erfahrung ist: Wenn die Chemie zwischen den Eltern und mir stimmt, dann leben sich auch die Kinder gut ein.*

Wie kamen Sie zu dem Beruf Tagesmutter?

Esser: *Eigentlich bin ich Hotelfachfrau, aber als meine Zwillinge auf die Welt kamen, war an die Rückkehr in den Beruf nicht mehr zu denken. Ich wollte aber auch nicht einfach nur so zu Hause bleiben, sondern suchte etwas, wo ich Geld verdienen und trotzdem mit meinen Kindern zusammen sein konnte. Deshalb nahm ich an einem Lehrgang zur Qualifizierung von Tagesmüttern teil und arbeite jetzt seit 2003 so.*

Worauf achten Sie bei Ihrem Tagesablauf?

Esser: *Vor allem darauf, dass es keinen Grund gibt, sich zu hetzen. Ich plane für alles viel Zeit ein, sodass auch die Kleinen versuchen können, sich zum Beispiel, soweit es eben geht, alleine anzuziehen, etwa wenn wir auf den Spielplatz gehen. Ich habe auch die Erfahrung gemacht, dass die tägliche Bewegung draußen ein Muss ist, damit die Kinder ausgeglichen sind. Draußen können sie nach Herzenslust schreien und toben, matschen und sich dreckig machen.*

Wie wichtig ist eine Struktur für den Tag?

Esser: *Superwichtig, die Kinder fordern sie auch ein und machen von alleine mit. Jedes Kind weiß, was wann angesagt ist, und orientiert sich daran. Da muss ich gar nicht viel sagen. Sie erinnern sich auch gegenseitig, zum Beispiel: „Wir haben noch nicht unter dem Tisch gekehrt", oder „Die Kerze ist noch nicht angezündet". Das ist ein kleines Ritual von uns: Zum Frühstück* zünden wir eine Kerze an, ausgeblasen wird sie jeden Tag von einem anderen Kind.

Wenn Sie sich mit anderen Tagesmüttern vergleichen: Was liegt Ihnen im Umgang mit den Kindern besonders?

Esser: *Wir treffen uns alle drei Monate im Netzwerk und dann merke ich, dass ich eher die Tagesmutter für die ruhigen Stunden und für draußen bin. Ich lese sehr gerne vor oder singe mit den Kindern, wir haben auch eine große Kiste mit Musikinstrumenten. Rollenspiele oder große Malaktionen mit Wasserfarbe sind nicht so mein Ding. Dafür gehört Ernährung zu meinen Steckenpferden. Ich backe zum Beispiel das Brot selbst und es macht mir Spaß, neue Kindergerichte auszuprobieren. Fleisch gibt es fast gar nicht, dafür viel Gemüse und Salat. Ich achte darauf, dass die Kinder viel trinken, und mische morgens die Schorlen in einer Karaffe, aus der sich jedes Kind bedienen darf.*

Was bezahlen die Eltern für einen Platz bei Ihnen?

Esser: *Ich nehme 4,50 Euro die Stunde. Dazu kommt pro Tag 1 Euro für Essen und Trinken und für Pflegemittel wie Windeln oder Feuchttücher dazu. Ich habe festgestellt, dass es mir lieber ist, wenn ich alles besorge, als wenn jede Mutter jeden Tag ein Päckchen mit diesen Dingen mitbringt.*

3. Draußen und drinnen

Leben ist Bewegung, und Bewegung macht Kinder glücklich und ausgeglichen. Auf diese einfache Formel könnte man all jenes bringen, was Sie auf den folgenden Seiten lesen und erfahren. Lassen Sie sich also anstecken von der Lust an der Bewegung – und wehren Sie sich gegen allzu viel Technik im Kinderzimmer.

Denn quer durch die wissenschaftlichen Disziplinen sind sich die Fachleute darüber einig, dass Bewegung und Lernen zusammenhängen. Toben, Hüpfen, Springen, Balancieren, Klettern, Tanzen, Werfen und Fangen lassen jede Fernsehsendung verblassen. In der Bewegung bekommt Ihr Kind unschätzbare Impulse für eine gesunde Entwicklung. Die Devise heißt deshalb: selber machen, selber erleben. Nur was ein Kind anfassen, riechen, schmecken, fühlen, greifen kann, wird es im wörtlichen wie im übertragenen Sinne auch *begreifen* können.

Deshalb an dieser Stelle: Bis zum Alter von drei Jahren sollte der Fernseher tabu sein, egal, was die Erfinder trickreicher Sendungen Ihnen weismachen wollen und was andere Eltern meinen. Ab drei Jahren sind kleinkindgerechte DVDs mit ganz kurz gehaltenen Minuten-Geschichten (zum Beispiel *Der kleine König*, *Die kleine Raupe Nimmersatt* etc.) immer noch geeigneter als jede Fernsehsendung. Erst ab fünf Jahren beginnen Kinder nach und nach, Realität und Fantasie voneinander zu trennen. Der Fernseher als Hintergrundgeräusch ist aus verschiedenen Gründen nicht zu tolerieren. Einer davon: Kleine

Der Fernseher bleibt am besten ausgeschaltet

Kinder lernen durch Nachahmung und übernehmen schnell unliebsame Ausdrücke und entsprechendes Verhalten.

Mehr zum Thema Medienkonsum erläutert der Kinderarzt Dr. Wolf Groß aus Bonn am Ende des Kapitels.

Spielen, spielen, spielen

Die Spielanregungen in diesem Kapitel gelten für drinnen ebenso wie für draußen und sind möglichst schlicht und einfach gehalten. Jeder, der mehr wissen und ausprobieren möchte, sei auf Büchereien und auf den umfangreichen Buchhandel verwiesen. Die Fülle der Bücher zum Thema Spielen und Basteln mit Kindern ist geradezu unerschöpflich. Sie finden dort auch ganz spezielle Bücher über

- Spiele an Regentagen,
- Spiele in der Gruppe,
- Spielen und Basteln mit kleinen Kindern,
- Spiele in der Natur,
- Kreisspiele,
- Musik- und Singspiele,
- Babyspiele,
- Fingerspiele,
- Spiele mit der Kasperlepuppe

und vieles mehr.

Je kleiner die Kinder, umso weniger Spielzeug brauchen Sie. Mit Utensilien aus dem Alltag lässt sich wunderbar spielen und experimentieren. Sammeln Sie deshalb Zeitungen, Eierkartons, Schachteln und Becher, Stoff- und Wollreste, Küchenrollen und Toiletten-papierrollen, Knöpfe und Filmdöschen, Wäscheklammern, Glöckchen vom Schokohasen (Weihnachten, Ostern) und alles Sonstige an scheinbar uninteressanten Alltagsgegen-ständen, was Ihnen noch so unter die Hände gerät und vielleicht bereits auf dem Weg in den Mülleimer war.

TIPP

Beachten Sie: Viele Gegenstände können je nach Alter Ihrer Tageskinder gefährlich werden, weil sie sie verschlucken, in Nase und Ohren stecken oder sich daran verletzen können. Solche Ge-genstände müssen außer Reichweite aufgehoben werden.

Spielen ist für Kinder eine ernste, konzentrierte Tätigkeit. Deshalb kann es sich auch nicht von jetzt auf gleich davon lösen. Kündigen Sie deshalb rechtzeitig an, wann ein Spiel abgebrochen werden muss. Zum Beispiel so: „Wenn ich den Frühstückstisch abgeräumt habe, ziehen wir uns an und gehen nach draußen." Oder: „Wenn du den Turm fertig gebaut hast, räumen wir auf."

Spielen ist eine konzentrierte Tätigkeit

Wenn ein Kind spielt, lernt es, und wenn es lernt, spielt es. Beides ist nicht voneinander zu trennen. Es kommt nicht darauf an, einem Kind ständig etwas beizubringen, sondern ihm die Gelegenheit zu geben, etwas selbst bewirken zu können. „Das will ich können", heißt sein innigster Wunsch. „Das schaffst du", sollte Ihre Antwort als Tagesmutter lauten.

Wenn Sie Ihr Tageskind gut beobachten, finden Sie schnell heraus, was es schon kann, was es bald können wird und was noch eine Weile dauern wird. Grundsätzlich empfehlen Pädagogen und Pädagoginnen:

▸ Wenn ein Kind etwas von alleine schaffen kann, braucht es keine Hilfe, vielleicht noch eine kleine Ermunterung.

▸ Wenn Ihr Kind nur noch eine leichte Hilfestellung braucht, um zum Beispiel einen weggerollten Ball einzuholen, dann unterstützen Sie es, ohne ihm die Aufgabe ganz abzunehmen. Stupsen Sie den Ball zum Beispiel leicht an, damit er etwas näher rollt.

▸ Wenn deutlich wird, dass es noch eine Weile dauern wird, bis ein nächster Schritt gemacht werden kann, dann spornen Sie das Kind *nicht* an.

Je mehr Glücksmomente ein Kind im Laufe der ersten Jahre sammeln konnte, umso selbstbewusster wird es. Kinderärzte und Kinderpsychologen kritisieren, dass es Kindern heute an altersgemäßen Herausforderungen mangelt. Entweder wird ihnen alles abgenommen oder sie werden heillos überfordert. Im frühen Spiel lernen sie von Anfang an, sich etwas zuzutrauen, ihre Fähigkeiten abzuschätzen, Niederlagen hinzunehmen und sich über Erfolge zu freuen. Sie erfahren nicht zuletzt, um Hilfe zu bitten, Hilfe anzunehmen und dass manche Aufgaben sich besser mit mehreren bewältigen lassen. Dies alles sind unschätzbare Erfahrungen, um sich in einer Gemeinschaft einzubringen und dort zurechtzukommen.

Fordern, fördern, loben

Kinderhirne brauchen deshalb das richtige „Futter", sollen aber nicht überfüttert werden. Überfütterung führt zu Bequemlichkeit, Trägheit, Lethargie und Desinteresse. Dies ist zum Beispiel bei Kindern zu beobachten, die in überfüllten Kinderzimmern sitzen. Sie spielen mit nichts von dem, was für sie angeschafft wurde. So richtig es ist, dass wir Erwachsenen in den vergangenen Jahren die Bedeutung der frühen Förderung erkannt und verstanden haben, so falsch ist es, das Spiel des Kindes für ein Verständnis von Lernen zu instrumentalisieren, welches wir Erwachsenen noch aus unserer Schulzeit mit uns herumschleppen – und das längst überholt ist.

Jede Herausforderung, die ein Kind angenommen und bewältigt hat, beschert ihm kleine Glücksgefühle und vermehrt den Wunsch nach Können und Wissen. Gleichzeitig ist ihm die Bestätigung, das Lob durch die Erwachsenen wichtig. Lob hat allerdings seine Tücken. Es muss richtig dosiert und glaubwürdig sein. Nicht jedes Lob trifft den Kern der Sache. Wenn alles „toll" und „schön" ist, fühlt sich das Kind in seinem Bemühen nicht ernst genommen. Es will differenzierter wahrgenommen werden. Motivationspsychologen und -psychologinnen empfehlen deshalb, Anerkennung zu zeigen (zum Beispiel mit einem leichten Streicheln über den Kopf, einem freundlichen Blick, aufmerksamem Hinsehen oder Zuhören), sich mit Lob zurückzuhalten und dieses auf eine konkrete Sache zu beziehen:

▸ Nicht: „Ihr habt toll aufgeräumt", sondern zum Beispiel: „Ich sehe es: Alle roten Klötzchen liegen in der roten Dose."

▸ Nicht: „Heute habt ihr richtig schön gespielt", sondern zum Beispiel: „Die Sandburg ist heute höher als gestern geworden."

▸ Nicht: „Du hast gut gegessen", sondern zum Beispiel: „Jetzt hast du schon zwei Löffel Brei allein gegessen."

Nicht zu vergessen: Auch Anstrengungen, die nicht von Erfolg gekrönt sind, sind anerkennenswert, ebenso jeder Schritt in Richtung Selbstständigkeit und in Richtung soziales Verhalten. Zum Beispiel: „Ich habe gesehen, dass Tobias dich vorhin geärgert hat, und ich habe mich gefreut, dass du nicht zurückgeärgert hast."

Wenn Sie zu den Menschen gehören, die Kinder gerne und häufig loben, was ja eigentlich eine sehr freundliche Art des Umgangs mit Kindern ist, fällt es Ihnen vielleicht nicht ganz so leicht, sich umzustellen. Sie merken womöglich, dass es gar nicht so einfach ist, kurz zu überlegen: Was finde ich denn jetzt ganz genau so „toll", so „klasse" oder so „schön"? Aber wenn Sie generell Kindern gegenüber gerne Ihre Wertschätzung ausdrücken, wird es Ihnen Freude machen, genau hinzuschauen. Die Kinder wiederum werden Ihre Anerkennung umso mehr schätzen.

TIPP
Wenn Sie Ihre Kinder beim Werkeln, Basteln, Bauen oder Malen fotografieren, dokumentiert dies den Wert der Tätigkeit als solche noch einmal ganz besonders. Über einen Bildabzug freuen sich auch die Eltern.

Zurück zum Thema Spielen: Welche Materialien, welche Spiele sind für Kinder von 0 bis 3 Jahren geeignet? Die umfangreiche Literatur zu diesem Thema kann man etwa wie folgt zusammenfassen:

▸ Kinder im Alter bis zu einem Jahr brauchen Fühlbücher, Rasseln, Fühlbälle, Holz-Leporellos, Plastikbecher, Quietschtiere.

▸ Mit 12 bis 18 Monaten beschäftigen sie sich mit ersten Puzzles und Bällen, fahren mit Holzautos, verstehen die ersten Bilderbücher. Auch an stabilen Tieren zum Hinterherziehen finden sie Vergnügen.

▸ Mit 18 bis 24 Monaten werden Puzzles und Bilderbücher anspruchsvoller. Die Kinder können etwas mit Sortierkästen anfangen, mit großen Lego-Steinen, mit Knetmasse, einer Klopfbank, mit Puppen zum An- und Auskleiden. In diesem Alter spielen sie auch bereits gerne auf einem Xylophon. Manche Kinder fangen mit ersten Memory-Spielen an.

▸ Im Alter von zwei bis drei Jahren entdecken sie die Verkleidungskiste, Steckspiele, Bausteine. Beim Vorlesen dürfen die Geschichten jetzt bereits etwas länger sein. Das Formen der Knetmasse wird geschickter, dicke Buntstifte und Kinderwerkzeug können gut genutzt werden. Während Gruppen und Kreisspiele bis dahin eher abgelehnt werden, haben die Kinder jetzt bereits Freude daran.

▸ Von drei bis vier Jahren lassen sich erste, einfache Gesellschaftsspiele mit den Kindern spielen. Spielküche, Kaufladen und Holzeisenbahn sind hochbeliebt und die Rollenspiele und Verkleidungsaktionen werden immer fantasievoller.

Es gibt eine eigene Verbraucherberatung für Spiele und Spielzeug, die Sie im Internet unter http://www.spielgut.de finden. Der Verband bietet Informationen für alle, die sich mit Kindern und Spielen beschäftigen. Jedes Jahr prüft der Arbeitsausschuss rund 600 neu auf den Markt kommende Spielsachen.

Bälle und Luftballons faszinieren Kinder bereits in den ersten Monaten. Babys schauen einem Ballon konzentriert hinterher. Krabbelkinder beeilen sich, Ball oder Ballon zu erhaschen. Sobald Ihr Kind laufen kann, gibt es nichts Schöneres, als den weichen Ball (zum Beispiel Softball) immer wieder ein Stückchen weiter zu treten und hinterherzustapfen. Bevor es den Ball (mit Luftballon gelingt es früher) werfen und fangen kann, vergehen gut zwei bis drei, manchmal auch vier Jahre. Manche Kinder brauchen Aufmunterung und häufige Gelegenheiten, bevor sie die entsprechenden motorischen Fertigkeiten entwickeln.

▸ Eine gute Vorstufe ist folgendes Spiel: Lassen Sie Ihre Kinder Zeitungspapier fest zerknüllen, in die Luft werfen und auffangen. Das macht auch den weniger geschickten Kindern Spaß.

▸ Für kleine Krabbler nehmen Sie einen weichen Ball, setzen sich dem Kind gegenüber und breiten die Beine aus. Wenn sich das Kind Ihnen gegenüber genauso hinsetzt, können Sie den Ball hin- und herrollen lassen. Ein älteres Kind kann hier auch Ihre Position übernehmen.

▸ Haben Sie einen Kriechtunnel im Kinderzimmer oder im Garten? Schlagen Sie vor, dass an jedem Ende ein Kind sitzt und auf den Ball wartet, den der andere durch den

Tunnel rollt oder – später – schießt. Wer noch nicht so viel Kraft hat, darf, wenn er sich traut, auch in den Tunnel krabbeln und von dort den Ball zum anderen Kind anstoßen.

▸ Erste Kegelversuche können Sie mit nur leicht gefüllten Plastikflaschen machen. Die Flaschen sollten leicht kippen, die Entfernung nicht zu groß und der Ball etwas fester sein.

▸ Spaß macht auch jedes Rollen von Bällen auf schiefen Bahnen. Ein Brett und zwei unterschiedlich hohe Stühle reichen schon, um einen kleinen oder großen Ball herunterrollen zu lassen. Endet die schiefe Bahn auch noch vor einer Schüssel mit Wasser, ist das Jauchzen besonders groß.

Zeitungspapier Zeitungspapier ist ein Alleskönner unter den Materialien und für Spiele gut geeignet, sobald die Zeit, in der Kinder alles zum Erkunden in den Mund nehmen, vorbei ist. Krabbelkinder können es zerknüllen, zerreißen und mit den kleinen Schnipseln Schneeballschlacht spielen (ausreichend Zeit zum Aufräumen mit den Kinder einkalkulieren!).

> ### TIPP
> Bewahren Sie alte Telefonbücher auf. Gerade kleine Kinder haben diebischen Spaß daran, die Seiten herauszureißen, und sind voller Konzentration bei der anstrengenden Arbeit.

Erste Versteckspiele („Wo ist das rote Auto?") gelingen mit einer Seite Zeitungspapier, die vom Kind leicht zur Seite gezogen werden kann. Später entstehen die ersten Masken so: Löcher mit Bastelschere für Mund, Nase und Augen schneiden, an den Seiten Löcher mit einem Locher anbringen, Band durchziehen und hinter dem Kopf des Kindes zusammenbinden.

Zeitungspapier lässt sich leicht schneiden und eignet sich für die ersten Übungen mit der Schere. Die ausgeschnitten Schnipsel können auf farbiges Papier aufgeklebt werden. Wenn Sie selbst geschickt sind oder ein anderes Familienmitglied die Kunst des Papierfaltens beherrscht, entstehen aus Zeitungspapier Schiffe, Hüte, Flugzeuge und mehr. Nicht zuletzt schützt ein großzügig mit Zeitungspapier ausgelegter Boden oder Tisch vor unliebsamen Kleckereien beim Arbeiten mit Fingerfarbe oder Kleister. Nach getaner Arbeit lässt sich das Papier schnell und einfach entsorgen.

Bewegen, schaukeln, klettern

An Bewegungsspielen haben vor allem ältere Tageskinder Spaß. Ein Vorschlag mit der Zeitung: Jedes Kind breitet eine Tageszeitungsseite auf dem Boden aus. Wenn die Musik beginnt oder Sie ein Lied singen, laufen oder hüpfen die Kinder im Raum. Sobald die Musik aufhört, sucht sich jedes Kind eine Zeitungsseite und stellt sich darauf. Beim nächsten Durchgang sollen sich die Kinder auf dem Papier zusammenducken oder auf einem Bein stehen oder in der Krabbelhaltung bleiben oder die Hände nach oben strecken etc. Anfangs hat manches Kind noch Schwierigkeiten mit den Anweisungen. Es orientiert sich beim Blick auf ein älteres Kind oder auf Sie über das, was bei dem Spiel von ihm erwartet wird, und macht es nach.

Geben Sie, wo immer es Ihnen möglich ist, Anregungen zur Bewegung. Für draußen geeignet sind

- Roller,
- Dreirad,
- Rutsche-Auto,
- Laufrad,
- Trampolin (nur unter Aufsicht),
- Rutsche,
- Schaukel,
- Bretter zum Balancieren.

Im Haus freuen sich große und kleine Kinder etwa über

- große Gymnastikbälle,
- Matratzen zum Hüpfen,
- dicke Kissen, um sich hineinzuwerfen,
- Gelegenheiten zum Balancieren, zum Beispiel über ein breites Band, das Sie auf dem Boden ausrollen.

Wenn es die räumlichen Gegebenheiten zulassen, können Sie eine Sprossenwand im Kinderzimmer montieren lassen oder eine Schaukel im Türrahmen aufhängen.

> **TIPP**
>
> Nur Kinder, die aus eigener Kraft sitzen können, gehören in eine Babyschaukel. Überhaupt sollten Sie darauf achten und gegebenenfalls die Eltern darauf hinweisen, dass jede Bewegungsphase (liegen, sitzen, krabbeln oder rutschen, stehen, gehen, laufen) abgeschlossen sein muss, damit aus eigener Kraft der nächste Lernvorgang in Angriff genommen werden kann. Bewegungstherapeuten warnen sowohl vor Lauflerngeräten als auch vor Dreirädern mit Schiebegriff. Zum einen verliert das Kind das Gefühl für Schwerkraft und Motorik, zum anderen bleibt das Kind passiv und spürt nicht den Zusammenhang von Bewegung und Fortkommen. Solche Geräte machen Kinder träge, klagen Therapeuten.

Ein Spiel, das beliebt ist und das Sie vielleicht aus den *Pippi-Langstrumpf*-Büchern kennen, heißt „Nicht den Boden berühren". Mit allen Möbeln, die zur Verfügung stehen, stellen Sie mit den Kindern einen Parcours zusammen, bei dem es sprichwörtlich über Tisch und Bänke geht: vom Tisch auf den Stuhl, von dort auf ein Kissen, vom Kissen auf einen Hocker, hinunter auf die Matratze, hoch auf einen Stuhl und wieder auf den Tisch. Geben Sie, wenn nötig, kleine Hilfestellungen, damit auch ungeübte Kinder nicht die Lust verlieren. Wenn alle Möbel fest und kippsicher stehen, haben Kinder riesigen Spaß.

Warum Bewegung, und zwar vielfältige Bewegung, so wichtig ist, darauf wissen die Gehirnforscher eine Antwort. Sie haben herausgefunden: Bewegungen legen den Grundstock für die Infrastruktur im Zentralnervensystem. Dieses liegt im Gehirn und im Rückenmark und ist dafür verantwortlich, dass sich Verbindungen zwischen unterschiedlichen Bereichen aufbauen. Erst dann ist Denken und Lernen, die Verknüpfung von einem Bereich mit einem anderem, möglich. Gezielte Bewegungen fördern den Aufbau solcher Strukturen im Gehirn. Auch aus diesem Grund sollte das Stillsitzen vor dem Fernseher oder einem elektronischen Spielzeug in den ersten Jahren die absolute Ausnahme sein. Studien ergaben, dass

▸ eine gute Bewegungskoordination mit einer guten Konzentrationsfähigkeit einhergeht.

▸ Kinder, die in ihrer frühen Kindheit viel körperlich aktiv waren, in ihrer Sprachentwicklung weiter sind.

▸ Kinder, die sich vielfältig und täglich bewegen, ausgeglichener und weniger aggressiv sind und deutlich weniger Unfälle haben.

Wasser, matschen und Musik

Sommer – draußen – Sand – Wasser. Haben Sie schon einmal erlebt, dass Kindern mit dieser Kombination eine zusätzliche Anregung zum Spielen brauchen? Ob im Hof, auf dem Spielplatz, in Wald oder Park: Mit dieser Kombination machen Sie alles richtig. Den „Sommer" können Sie dabei durch alle anderen Jahreszeiten ersetzen, wenn die Kleidung stimmt (Matschehosen, Schneeanzüge oder andere gegen Feuchtigkeit beschichtete Kleidung).

> **TIPP**
>
> So entsteht ein kleiner See im Sandkasten: Damit das mühsam mit einer Gießkanne herbeigeschaffte Wasser im Sandkasten nicht so schnell versickert, graben die Kinder ein Loch, legen eine Folie (aufgeschnittene Plastiktüte) hinein, beschweren die Folie an den Rändern mit Sand und füllen die Mulde mit Wasser.

Sobald Kinder sicher sitzen können, bereitet es ihnen Freude, einfach nur im Sand zu sitzen, mit Händen (und Mund!) dieses neue Material zu erkunden und die Finger in den weichen Untergrund zu bohren. Gern benutzte Geräte sind Stöckchen und Löffel. Tolerieren Sie eine gewisse Portion Sand im und am Mund.

Wenn Sie wenig Platz haben: Statt eines Sandkastens können Sie eine Sandmuschel aus Hartplastik auf Balkon oder im Garten aufstellen. Diese Muscheln bestehen aus zwei Hälften und haben mehrere Vorteile: Sie können in die eine Hälfte Sand, in die andere Wasser füllen und so steht das Planschbecken direkt neben dem Sandkasten. Zusammengeklappt lässt sich die Muschel in Keller oder Garage verstauen. Das Material ist wetterfest und übersteht mehrere Sommer im Freien, auch bei Regen.

„Beim Singen atmet der ganze Körper. Der ganze Mensch weitet sich. Das Gehirn schüttet Glückshormone aus. Sie spüren ein wahres Glücksgefühl, wenn Sie aus vollem Herzen singen." So schwärmte ein Organist, den die Leiterin der Kindertagesstätte St. Augustinus in Bonn in die Einrichtung eingeladen hatte. Anlass für die Ausführung des Musikers war die schlichte Frage einer Mutter, warum Singen eigentlich so wichtig sei.

Die Eltern an diesem Nachmittag lernten nicht nur, dass Singen Ausdruck von Emotionen ist und das Gemeinschaftsgefühl stärkt, sondern auch, dass Kinderlieder möglichst hoch angestimmt werden sollen, weil kleine Kinder kürzere Stimmbänder haben. Weil Erwachsene mit ihren langen Stimmbändern aber bequemer die tieferen Töne singen können und es ihnen unangenehm ist zu „quieken", werden Kinderlieder oft zu tief gesungen. Das wiederum ist anstrengend für die Kinder.

In den ersten Lebensjahren müssen Lieder keinen besonderen pädagogischen Ansprüchen genügen. Singen Sie regelmäßig einfache Kinderlieder, die Sie kennen. Sicher wissen Sie: Kein Kind interessiert es, ob Sie gut oder nicht so gut singen. Überwinden Sie die Scheu, die viele Erwachsene empfinden, wenn es um das Thema Singen geht.

Besondere Aufmerksamkeit bringen Kinder ganz persönlichen Liedern entgegen, in denen sie selbst auftauchen oder eine ihnen bekannte Tätigkeit besungen wird. Nehmen Sie irgendeine Melodie, etwa „Alle meine Entchen", und reimen Sie drauflos:

Zur Begrüßung:

Alle meine Kinder,
die sind wieder da,
die sind wieder da.
Wir freuen uns und rufen:
Heut' wird ein schöner Tag.

Oder nach der Melodie von „Hopp, hopp, hopp – Häschen lauf Galopp":

Vor dem Essen:

> *Auf, auf, auf,*
>
> *wir räumen alles auf.*
>
> *Wir wollen dabei nichts vergessen,*
>
> *danach gibt es ein leck'res Essen.*
>
> *Auf, auf, auf,*
>
> *Wir räumen ganz schnell auf.*

Oder am Ende des Tages:

> *Auf, auf, auf,*
>
> *wir räumen alles auf.*
>
> *Wir hatten eine schöne Zeit,*
>
> *zum Winken sind wir gleich bereit.*
>
> *Auf, auf, auf,*
>
> *wir räumen ganz schnell auf.*

Musikinstrumente sind nicht unbedingt wichtig. Erst später schätzen Kinder eine kompetente Begleitung an Klavier oder Gitarre. Aber eine Kiste mit Rasseln, Trommeln, Schellen, Glöckchen, Tamburins und Ähnlichem wird gerne genutzt. Wenn Sie selbst musikalische Talente haben, können Sie beim Singen den Takt mit diesen Rhythmusinstrumenten schlagen.

Oder Sie machen sie selber: Füllen Sie Linsen, Suppennudeln, Reis oder Ähnliches in verschiedene verschließbare Behälter, so haben Sie ohne großen Aufwand selbst einige Klangkörper hergestellt. Jüngere Kinder rappeln gerne mit diesen Behältern und lauschen den Unterschieden. Wenn dazu noch mehrere verschieden große Töpfe hinzukommen, ist die erste „Musikanlage" komplett. „Trommel spielen" liebt jedes Kind, aber auch der Schneebesen im Kochtopf fabriziert interessante Geräusche.

Tunnel, Höhle, Rollenspiele und noch mehr

Häuser, Höhlen und Tunnels bauen

Stellen Sie einen großen Pappkarton (gibt es zum Beispiel im Elektro- oder Möbelgeschäft) mitten in das Spielzimmer, schneiden Sie mit einem Teppichmesser Fenster und Türen aus, den Rest machen die Kinder.

▸ Sie statten ihn mit Kissen zu einem kleinen Zimmer aus.

▸ Sie legen eine Decke darüber und nennen das Höhle.

▸ Sie klettern hinein und wieder heraus.

▸ Sie sind Piraten oder Prinzessinnen, der Karton ist Schiff oder Schloss.

▸ Sie bemalen ihn nach Lust und Laune.

Entfernen Sie bei einem zweiten Karton den Boden, so entsteht ein Durchgang oder gar ein Tunnel, wenn Sie gleich mehrere Kartons hintereinanderstellen können.

Einen Tunnel „bauen" (fertige Kriechtunnel gibt es im Handel oder auf Flohmärkten) können Sie auch, indem Sie zwei Stuhlreihen (6 Stühle mit den Lehnen zueinander) so hinstellen, dass eine leichte Decke darübergebreitet werden kann. Mutigere Kinder krabbeln meistens sofort dadurch, ängstlichere müssen ermuntert werden, zum Beispiel indem sie das Gesicht der Tagesmutter am anderen Ende des Tunnels sehen. Kein Kind sollte gedrängt werden, sich in dunkle Räume hineinzubewegen. Ängstlichen Kindern bereitet auch das Drumherumlaufen oder -krabbeln Vergnügen oder sie beobachten, wie ein Kind verschwindet und kurz darauf wieder auftaucht.

Wer eigene Kinder hat, kennt den Effekt, den eine fantasievoll gefüllte Kleidertruhe hat. „Verkleiden" ist für Kinder viele Jahre lang ein Riesenspaß. Gerade noch Piratin, wenige Minuten später schreitet eine Prinzessin durch den Raum. Wenn Kinder andere Rollen ausprobieren, dann regen sie damit ihre Fantasie an und ihr Gehirn läuft auf Hochtouren. Sie weichen von ihren üblichen Bewegungen ab, sprechen und verhalten sich anders, fühlen sich in eine faszinierende Welt ein. Ganz nebenbei trainieren sie so ihre Empathie, ihr Mitgefühl.

Verkleiden und Rollenspiele

Werfen Sie deshalb Karnevalskostüme, die Ihren Kindern zu klein geworden sind, nicht weg, sammeln sie auch bei Ihren Nachbarn oder Freundinnen. Eine gute Zeit dafür ist kurz vor Karneval, wenn in den Familien überlegt wird, ob das Kostüm vom vergangenen Jahr noch eine Session hält oder ein neues genäht oder gekauft werden soll. Horten Sie alte Schuhe, Hüte, Tücher und Handtaschen. Es gibt kaum einen Steppke, der nicht einmal versuchen möchte, seine Füßchen in hochhackige Damen- oder breite Herrenschuhe zu stecken. Ehe Sie sich versehen, spielt Ihr Kind Storch oder zweckentfremdet die großen Schuhe zu einem Boot für den Teddy, und das blaue Tuch wird zum See.

Schüchterne Kinder können einmal ausprobieren, wie es ist, wild zu sein. Brave Kinder dürfen als Hexe böse sein, und der gefürchtete Sandkastenschreck spielt am liebsten Pfarrer und hält ein Bilderbuch als Gebetbuch aufgeschlagen in der Hand. Aber: Lächeln Sie nur für sich, wenn Sie die Rollenspiele beobachten können. Die Kinder sind mit großem Ernst bei der Sache und mögen es gar nicht, wenn unsere Mimik zeigt, wie niedlich wir sie dabei finden. Wenn Sie mitspielen dürfen (!), dann verbeugen Sie sich vor der Prinzessin, fürchten sich vor dem Piraten und machen genau das, was der Pfarrer ihnen sagt.

Kinder fühlen sich gerne groß

Kinder tauchen ebenso gerne in die Welt der Erwachsenen ein. Eine alte Brille verwandelt einen Zweijährigen blitzschnell in einen alten Mann, der sich mühsam am imaginären Stock vorwärtsbewegt. Vielleicht sind Ihnen Ankündigungen wie diese vertraut: „Du wärest jetzt mal das Kind und ich wäre die Tagesmutter und der Löwe ist das kleine Baby und ich sage jetzt mal ..." Diese „Du-wärest-jetzt-mal"-Sätze leiten häufig den Übergang vom Verkleiden zum Rollenspiel ein – und umgekehrt. Beides gehört zusammen. Mit ihrem Spiel schlüpfen Mädchen und Jungen in die Rolle der Erwachsenen. Sie fühlen sich gerne groß und wollen auch so behandelt werden. Sie spielen vertraute Situationen nach, verarbeiten ein Erlebnis, welches sie beschäftigt, oder zeigen, was sie sich am meisten wünschen, wenn eine Zauberfee ihnen einen Wunsch freigibt.

Wenn größere und kleinere Kinder zusammen spielen, findet sich für jedes Kind eine Rolle, selbst für das Baby, das dann eben „das Baby" ist. Je älter die Kinder, umso mehr bemühen sie sich, die Figuren möglichst originalgetreu darzustellen. Ein einjähriges oder zweijähriges Kind ist am liebsten ein Tier, möglichst ein wildes. Auch wenn die Kinder nicht gerne beobachtet werden, so ist das Rollenspiel in einer Gruppe von Kindern unterschiedlichen Alters eine gruppendynamische Herausforderung, die immer mal wieder vorsichtige Regieanweisungen gebrauchen kann, um den Gruppenfrieden zu wahren. Etwa so: „Wenn Löwe Leo jetzt nicht mehr durch den Reifen springen will, dann könntet ihr in eurem Zirkus vielleicht Pause machen und Getränke verkaufen."

Spiel als gruppendynamische Herausforderung

Ob Rollenspiele oder Verkleidung: Ein Spiegel ist ein Muss. Von einem großen Spiegel oder von mehreren Spiegelkacheln (gibt es im Baumarkt), in unterschiedlicher Höhe je nach Größe der Kinder angebracht, werden Klein und Groß angezogen. Jüngere Kinder suchen hinter dem Spiegel das Kind, das sie sehen. Etwa mit 18 bis 24 Monaten erkennt sich das Kind im Spiegel als sich selbst. Sich selbst von anderen unterscheiden zu lernen, ist eine Voraussetzung für die Entwicklung empathischen, mitfühlenden Verhaltens. Während jüngere Kinder damit beschäftigt sind, sich selbst zu beobachten, lieben es größere Kinder, sich zu schminken oder ihre Verkleidung zu begutachten.

Trickreiche Wäscheklammern

Mit einem Korb voller Wäscheklammern beschäftigen sich Kinder ab zwei Jahren gerne und ausdauernd. Helfen Sie ihnen anfangs, den Mechanismus der Klammer zu beherrschen. Sobald dies gelingt, werden Mädchen und Jungen zu begeisterten Anhängern der Wäscheklammer. Einige Anregungen:

▸ Spannen Sie eine Leine zwischen zwei Stühlen und stellen Sie einen Korb mit Puppen- oder Säuglingskleidung bereit.

▸ Wenn draußen leichter Wind weht, eignen sich auch Zeitungspapier und Alu-Folie zum Aufhängen. Sie rascheln mal lauter, mal leiser.

▸ Zum Nachlaufen-Spielen wird einem Kind eine Klammer am T-Shirt (Arm oder Rücken) gesteckt, die anderen müssen die Klammer wieder abziehen.

▸ Den meisten Kindern macht es Spaß, sich gegenseitig Klammern anzustecken.

TIPP

Spannen Sie im Kinderzimmer eine Schnur, zum Beispiel von einem Nagel zum anderen. Daran können die Kinder Bilder, leichte Bastelarbeiten, bunte Herbstblätter und Ähnliches mit Klammern befestigen.

Findige Tagesmütter haben in ihrer Küche eine untere Schublade oder Schranktür, an die die Kinder jederzeit herandürfen. Sobald ein Kind sitzen kann, wird das Aus- und Einräumen des Inhalts zu einer seiner Lieblingsbeschäftigungen, die Ihnen auch mal eine Verschnaufpause beschert. Schrank oder Schublade sollten mit ungefährlichen Utensilien gefüllt sein, die Sie auch tatsächlich in der Küche verwenden (leichte Töpfe, Messbecher, Schneebesen, Teigschaber, Kochlöffel, Plastikbehälter etc.)

Die Kleinen lieben Verstecke. Schneiden Sie in den Deckel eines Schuhkartons ein sehr großes, in einen anderen ein kleineres Loch. Legen Sie verschiedene Dinge hinein, die das Kind ertasten oder herausziehen kann. Wenn ein Zipfel eines Tuches oder eines kleinen Kuscheltieres herausragt, animiert das vor allem die Jüngsten zum Greifen und Ziehen.

Kinder stecken begeistert alles Mögliche in Löcher. Unterschiedlich große Löcher (je kleiner die Kinder, umso größer das Loch) regen sie dazu an, selber auszuprobieren, was man dort verschwinden lassen kann. Variieren Sie bei einem weiteren Schuhkarton das „Lochmuster". Schneiden Sie schmale Öffnungen, runde Öffnungen, rechteckige oder quadratische und bieten Sie Materialien an, die auch hindurchpassen (Marmeladenglasdeckel, leichte dünne Tücher, Steine, Holzklötzchen etc.).

Bewegungsaktive Kinder kommen durch solche Spiele besser zur Ruhe, lassen sich aber manchmal nicht so bereitwillig auf diese Art von Spielangeboten ein. Trotzdem sollten Sie als Tagesmutter darauf achten, dass sich für alle Kinder temperamentvolle und ruhigere Spielphasen abwechseln.

Ausräumen und verstecken

GESPRÄCH

Die Kunst der Erziehung heute liegt in der Begrenzung

Gespräch mit dem Kinderarzt und Kinderkardiologen **Dr. Wolf Groß** aus Bonn.

Sie praktizieren seit fast 20 Jahren als Kinderarzt. Hat sich das Aufwachsen der Kinder innerhalb der beiden Jahrzehnte verändert?

Groß: *Ich würde schon sagen, dass sich Kinder heute in einigen Bereichen von den Kindern früher unterscheiden. Die motorischen und sprachlichen Fähigkeiten zum Beispiel sind eindeutig rückläufig. Nicht bei allen Kindern, dafür aber bei einer großen Gruppe von Kindern umso gravierender.*

Sprechen Eltern das Thema Bewegung von sich aus an?

Groß: *Nicht direkt, weil sie die heutige Situation als normal empfinden und ihnen ja auch der Zusammenhang mit manchen Verhaltensweisen nicht geläufig ist. Aber sie berichten zum Beispiel, dass ihr Kind abends nicht einschlafen kann, dass es unkonzentriert ist oder dass es sich nicht alleine beschäftigen kann. Ich frage dann zunächst einmal nach dem Medienkonsum in der Familie und stelle häufig fest, dass schon viele Kleinkinder regelmäßig und viel zu lange vor dem Fernseher sitzen.*

Ist der Zusammenhang so einfach: Viel Fernsehen bedeutet wenig Bewegung?

Groß: *Es gibt sicher Ausnahmen, aber nach meinen Beobachtungen ist der Medienkonsum schon in der frühen Kindheit eine der wesentlichen Ursachen für Bewegungsmangel und die daraus resultierenden Folgen wie Übergewicht, Unruhe und Nervosität, Schlafstörungen. Auch sprachliche Entwicklungsverzögerungen und das Essverhalten hängen mit dem Bewegungsverhalten zusammen.*

Was genau schadet denn eigentlich Kindern, wenn sie viel Fernsehen schauen?

Groß: *Je nach Alter sind Kinder beim Fernsehen Reizen ausgesetzt, die sie nicht verarbeiten können, weil sie einseitige und rasch wechselnde Sinneseindrücke vermitteln. Es geht aber auch darum, was sie in dieser Zeit nicht tun können. Den Eltern, die zu mir kommen, sage ich: Fernsehen schauen ist die einzige Situation, in der Ihr Kind nicht spricht und sich nicht bewegt, es also von seinen Grundfertigkeiten keinen Gebrauch macht. Je häufiger und* *je länger dies am Tag geschieht, umso beeinträchtigter wird Ihr Kind. Im Unterschied zum Beispiel zum Vorlesen wird dem Kind ja im Fernsehen, aber auch bei Hörspielkassetten, das Tempo der Bilder und der Sprache vorgegeben. Auch die Lautstärke und die Modulation der Sprache ist eine andere als beim Vorlesen. Das Kind kann nicht nachfragen, nicht in Ruhe Bilder auf sich wirken lassen, die für das Verständnis einer Geschichte wichtig sind. Es entsteht auch keine emotionale Nähe.*

Wie reagieren Eltern, wenn Sie sie auf diesen Zusammenhang ansprechen?

Groß: *Ich versuche mir die Zeit zu nehmen, Eltern die Zusammenhänge zu erklären. Die Sprachentwicklung ist ja sehr vom Dialog abhängig. Ich sage zum Beispiel, dass ein Kind, das anfängt zu sprechen, sich und seine Mitmenschen gar nicht richtig hören und wahrnehmen kann, wenn als Geräuschkulisse von morgens bis abends Fernseher oder Radio laufen. Die meisten Eltern gehen davon aus, dass sich Bewegung und Sprache von allein entwickeln. Im Prinzip ist das richtig, aber nur, wenn es keine Störungen gibt. Einige Eltern sind schnell einsichtig, aber es fällt ihnen schwer, dies im Alltag umzusetzen. Typisch ist dann die Aussage: „Ich kann doch nicht meinem Kind verbieten, was alle anderen dürfen."*

Was empfehlen Sie Eltern und Tagesmüttern für den Umgang mit Fernseher und Computer?

Groß: *Das klingt jetzt vielleicht sehr streng, aber da bin ich mir mit der Mehrheit meiner Kolleginnen und Kollegen einig: kein Fernsehen bis zum Alter von drei Jahren, höchstens mal das Sandmännchen, aber auch nicht im direkten Zusammenhang mit dem Ins-Bett-Bringen. Von drei Jahren bis zur Grundschule höchstens eine halbe Stunde Computer oder Fernsehen am Tag. Und vor allem keine Dauerberieselung und kein Fernsehgerät in den Kinderzimmern, auch nicht bei den älteren Geschwistern. Kinder kommen mit solchen klaren Regeln gut zurecht. Es sind eher die Erwachsenen, denen es schwerfällt, Regeln durchzusetzen.*

Zum Schluss noch eine andere Frage: Haben Sie einen Tipp für Tagesmütter, wie diese ihre Tageskinder fördern können?

Groß: *Die Grundfähigkeiten der meisten Kinder brauchen normalerweise keine besonderen Trainings. In Bezug auf Spielzeug sollte auf Qualität geachtet werden, nicht auf die Menge. Wenn Tagesmütter fürsorglich mit den Kleinen* *umgehen, wenn draußen und drinnen alle Gefahrenquellen beseitigt oder gesichert sind – darauf sollten Tagesmütter wirklich gründlich achten –, dann fordern sich Kinder in hohem Maße selber. Kinder sind so erfinderisch und sie benutzen ihre natürlichen Fähigkeiten zu ihrer eigenen Weiterentwicklung, solange sie nicht gestört oder gehemmt werden und solange sie in einer emotional sicheren Umgebung sind. Die große Kunst der Erziehung heute besteht meines Erachtens weniger in zusätzlichen Anregungen als vielmehr darin, Kinder in ihrer Art, die Welt zu entdecken, gewähren zu lassen und die vielen Angebote und Reize sorgfältig zu begrenzen. Ich kann es auch anders sagen: Weniger ist oft mehr. Und manche Folgeprobleme stellen sich dann gar nicht erst ein.*

4. Das weiß ich über Kinder

Kinder sind ein kostbares Gut. Von den Möglichkeiten, die sie in ihrer Kindheit haben, hängt ab, wie sich eine Gesellschaft entwickelt. Grund genug also, sich gerade als Tagesmutter damit zu beschäftigen, was Kinder brauchen, was ihre Bedürfnisse sind und wie gute Gefühle und die Lust am Lernen zusammenhängen. Darum wird es in diesem Kapitel gehen.

Wie ein Kind aufwächst und sich dabei weiterentwickelt, erscheint immer wieder wie ein Wunder. Wir wissen heute, dass es nicht „dumm" auf die Welt kommt, sondern dass es eine Fülle von Optionen bereithält, die sein Umfeld nur abzurufen braucht. Ein Baby lernt in England Englisch, in China Chinesisch. Beide Möglichkeiten sind in jedem Säugling angelegt. Je nach Ansprache, Nachahmungsmöglichkeiten und Förderung lernt es eben die eine oder die andere Sprache. Die Gehirnforschung hat dazu staunenswertes Wissen ans Licht geholt. Vor dem Hintergrund heutiger Forschungen kann man auch überspitzt sagen: Entwicklung ist eine *Reduzierung* der Möglichkeiten.

Das Wissen über das, was in Kindern angelegt ist, ist das eine. Das andere sind die Bedingungen, unter denen sich das Kind gut und geborgen entwickelt. Als Tagesmutter verbringen Sie viele Stunden des Tages, der Wochen, Monate und Jahre mit ihren Tageskindern. Nehmen Sie sich die Zeit, in die Erkenntnisse der modernen Wissenschaft hineinzuschnuppern.

Erkenntnisse der modernen Gehirnforschung

61

bereiten, gelingt ihm Schritt für Schritt die Verinnerlichung von Grenzen, die es als notwendig zu akzeptieren lernt. Sofern Eltern und andere wichtige Bezugspersonen die Anpassung an Normen und Regeln als einen Lernprozess betrachten und diesen einfühlsam und liebevoll unterstützen, fühlt sich ihr Kind wohl, wenn es solche Grenzen respektiert.

Die liebevolle Grenzensetzung bietet nach außen hin Schutz und Geborgenheit, weil das Kind Halt und Sicherung erlebt. Die berechenbar gesetzte Grenze, die immer wieder regelhaft anzutreffen ist und bei jedem Versuch einer Überschreitung angemahnt wird, bietet Verlässlichkeit und Struktur. Der Erfahrungsraum kann bis dorthin ausgedehnt erforscht und als gestaltbarer Raum erfahren werden.

Die Grenze selbst bietet aber auch Anreiz zum Widerstand. Das Kind kann auf diese Weise eigene Willenskundgebungen zur Auseinandersetzung mit Regeln und Rollen in gefahrloser Weise benützen. Mit liebevollen Bezugspersonen wird um die Grenzen gerungen, Argumentieren und Durchsetzen werden geübt.

6. Das Bedürfnis nach unterstützenden Gemeinschaften

Mit zunehmendem Alter gewinnt die Gruppe der Gleichaltrigen immer mehr die dominierende Bedeutung für Persönlichkeitsentwicklung und Selbstwert der Kinder und Jugendlichen. Das Bedürfnis nach unterstützenden Gemeinschaften und stabilen kulturellen Umfeldbedingungen ist deshalb das sechste Grundbedürfnis.

Die Entwicklung von Freundschaften ist eine wichtige Basis für das soziale Lernen. Soziale Kontakte, Einladungen zu anderen Kindern, Übernachtungen außerhalb d s Elternhauses stellen wichtige Voraussetzungen für die Entwicklung sozialer Fertigkeiten dar. Negative Einflüsse von Seiten der Gleichaltrigengruppe, undurchschaubare oder irritierende Auswirkungen von sozialen Einrichtungen wie Tagesstätten, Kindergärten und Schulen oder wiederholte Verluste von Freundschaften zum Beispiel durch häufige Ortswechsel können demgegenüber nachhaltige Wirkungen auf Selbstwert und Identität ausüben.

Die Eltern, aber auch andere Erwachsene im Umfeld des Kindes sind aufgerufen, faire, durchschaubare und respektvolle nachbarschaftliche Verhältnisse zu schaffen. Die Erwachsenen müssen dafür sorgen, dass Kinder unter angemessenen Rahmenbedingungen einander begegnen können, miteinander spielen lernen und arbeiten können, Zusammengehörigkeitsgefühl entwickeln, um schließlich Gerechtigkeit und Kameradschaftlichkeit zu entfalten.

7. Das Bedürfnis nach einer sicheren Zukunft für die Menschheit

In einer zunehmend globalisierten Welt hängt das Wohl jedes einzelnen Kindes immer mehr mit dem Wohl aller Kinder dieser Welt zusammen. Die Erwachsenen gestalten die Rahmenbedingungen für die nächste Generation. Ob Kinder und Jugendliche diese Welt als gestaltbares Ordnungsgefüge oder unheimliches Chaos erleben, wird an der Entwicklung ihrer Persönlichkeiten liegen, welche die Eltern und alle anderen Erwachsenen mit ihren eigenen Persönlichkeiten mitzugestalten geholfen haben.

(*Wegweiser für den Umgang nach Trennung und Scheidung*, Hg. Deutsche Liga für das Kind in Familie und Gesellschaft e.V., Deutscher Kinderschutzbund, Bundesverband e.V., Verband alleinerziehender Mütter und Väter, Bundesverband e.V., Berlin, 2. Aufl. 2007, S. 7–9)

Das Kind und seine Entwicklung

Bei den oben beschriebenen sieben Grundbedürfnissen konnten Sie nachempfinden, wie groß unsere Verantwortung gegenüber Kindern ist, nicht nur gegenüber unseren eigenen, sondern auch denen gegenüber, die um uns herum leben. Es ist nicht allein die Sorge der Eltern, ihren Kindern ein angemessenes und förderndes Aufwachsen zu ermöglichen.

Wenn Sie sich entschieden haben, den Umgang mit und die Erziehung von Kindern zu Ihrem Beruf zu machen, dann ist es wichtig, dass Sie den Entwicklungsschritten des Säuglings und Kleinkindes Respekt und Wertschätzung entgegenbringen. Es gibt wunderbare Bücher über die ersten Jahre. *Oje, ich wachse* von den niederländischen Autoren Hetty van de Rijt und Frans X. Plooij ist eines davon. Ein anderes heißt *Babyjahre* und wurde von dem renommierten Schweizer Kinderarzt Prof. Dr. Remo Largo verfasst. Und noch ein Tipp: In dem Buch *Auf Schatzsuche bei unseren Kindern* werfen die bekannte Psychologin Dr. Jirina Prekop und der Hirnforscher Prof. Dr. Gerald Hüther, der auch im Gespräch am Ende dieses Kapitels zu Wort kommt, gemeinsamen einen sensiblen und nachdenklichen Blick auf den Schatz der frühen Kindheit. Weitere Literaturtipps finden Sie im Anhang.

Um zu verstehen, was Entwicklung ist und wie sie verläuft, werden nachfolgend einige wichtige Themen angerissen. Allerdings geht es dabei eher um Ihre Haltung als Tagesmutter bei den Entwicklungsschritten, um Ihr Verständnis und Ihre Freude an der Beobachtung und Förderung der Kinder. Wenn Sie sich darüber hinaus für die kindlichen Entwicklungsverläufe interessieren, seien Ihnen die oben genannten Bücher empfohlen oder eigenes Stöbern in Buchhandel, Bibliotheken und Internet.

Ein Säugling ist von Anfang an voll beschäftigt. Er gluckst, gurrt und strampelt, sucht und hält bereits kurze Momente Blickkontakt, will sehen, fühlen, riechen, schmecken, hören. Er ist pausenlos damit beschäftigt, seine Umgebung einzuordnen und wiederzuerkennen. Was ist beweglich, was ist still? Was ist ein Mensch, was ist ein Ding? Zu wem gehört das Gesicht? Was bewegt sich über dem Bett? Bald lernt es seine Umgebung über das Greifen kennen, aber zunächst steht das Saugen und Nuckeln an erster Stelle.

Schon Säuglinge brauchen Anregungen. Wenn Sie sich mit dem Baby beschäftigen, dann überlassen Sie ihm die Führung. Gehen Sie feinfühlig auf seine Signale ein, machen Sie einfach mit. Sprechen und gurren Sie in Babysprache, schneiden Sie Grimassen, berühren Sie seine Beinchen und Händchen und zeigen Sie Freude an dem Dialog. Singen Sie, es darf ruhig schief klingen. Und wenn es den Kopf wegdreht, die Augen abschweifen, dann hat es genug und signalisiert Ihnen auf seine Weise, dass es eine Pause braucht. Manche Babys machen dann ein kurzes oder längeres Nickerchen, andere wirken abwesend. In dieser Zeit ist es damit beschäftigt, die Anregungen zu verarbeiten, zu verinnerlichen und Kraft für Neues zu tanken.

Nicht weinen lassen

Reagieren Sie als Tagesmutter unverzüglich, wenn das Baby weint. Überschütten Sie es nicht, reagieren Sie nicht hektisch, aber zeigen Sie, dass Sie da sind. Sprechen Sie bereits auf dem kurzen Weg zu ihm mit beruhigender Stimme. So helfen Sie ihm, Vertrauen in die Welt zu entwickeln, denn es lernt bereits ganz früh: Wenn etwas nicht stimmt, wenn mich etwas beunruhigt, kann ich mir Hilfe holen.

Vielleicht denken Sie nun: „Das ist doch wohl etwas übertrieben. Wenn ein Baby mal schreit, muss ich doch nicht direkt springen. Wie soll das denn erst mal werden, wenn es größer wird?" Viele Generationen vor uns haben so gedacht. Doch heute wissen wir: Ein kleines Kind kann nicht verwöhnt werden, zumindest nicht in der herkömmlichen Vorstellung. Ein Kind, das bekommt, was es braucht, wird nicht verwöhnt. *Verwöhnt nennen wir Kinder, die bekommen, was sie nicht brauchen, und mehr, als für sie gut ist,* heißt es sehr schön im Elternbrief Nr. 2 des Arbeitskreises Neue Erziehung (ANE) e. V.

> **TIPP**
>
> Diese Elternbriefe, die Eltern – und warum nicht auch Tagesmütter? – in den ersten Jahren mit dem Kind begleiten, können über das Jugendamt bezogen oder direkt beim ANE e. V. in Berlin bestellt werden (http://www.ane.de). In München gibt der Verein Peter Pelikan e. V. ebenfalls Elternbriefe heraus. Monat für Monat werden Sie darüber informiert, welchen Entwicklungsschritt Kinder gerade durchlaufen, welche Eigenheiten sie in dieser Zeit entwickeln und wie Sie darauf eingehen können. Die Elternbriefe des ANE e. V. werden auch in türkischer Sprache veröffentlicht.

Laufen lernen

Vor dem Laufen kommt das Robben, Kriechen, Rutschen, Krabbeln. Das machen nicht alle Kinder mit, manche lassen eine Stufe aus, bevor sie sich irgendwann zum Stehen hochziehen und auf wackeligen Beinen stolz in die Runde gucken. Dann dauert es nicht mehr lange, bis sie die ersten Gehversuche starten. Mit dem freien Gehen fangen Kinder in ganz unterschiedlichem Alter an. Bis zu mehreren Monaten können die Abweichungen betragen. Keine Sorge also, wenn das eine Kind mit 12 Monaten schon sicher läuft, während das andere gerade seine ersten Schritte wagt.

Ihre wichtigste Aufgabe neben der Ermutigung der Kinder wird es dabei wohl sein, die Ängste oder auch den Eifer der Eltern zu kompensieren. Gerade Eltern, die ihr erstes Kind zu Ihnen bringen, sind häufig unschlüssig oder besonders engagiert, was die Förderung ihrer Kinder angeht. Wenn Sie ruhig und kompetent erklären können, dass jedes Kind seinen eigenen Entwicklungsplan in sich trägt, entlasten Sie die Eltern. Mit dem afrikanischen Sprichwort: „Das Gras wächst auch nicht schneller, wenn man daran zieht", erreichen Sie in den meisten Fällen ein verständiges Nicken.

Das Gleiche gilt für das Sauberwerden, das mit Blick auf den dritten Geburtstag auch schon einmal in Stress ausarten kann. Nämlich dann, wenn der Übergang in den Kindergarten ansteht und den Eltern dort mitgeteilt wurde, dass nur Kinder angenommen werden, die bis dahin „sauber" sind. „Kindergarten wechseln!", möchte man solchen Eltern am liebsten zurufen – wenn die Situation in den Städten nicht so wäre, dass Eltern froh sein können, wenn sie in der Einrichtung ihrer Wahl einen Platz bekommen. Auf dem Land wiederum fehlt es in der Regel an Alternativen.

Die Darmkontrolle gelingt den meisten Kindern als Erstes, danach folgt die Blasenkontrolle. Beides entwickelt sich je nach Kind zwischen dem ersten und zweiten Lebensjahr. Erst wenn sich die Nervenbahnen vollständig ausdifferenziert haben, kommen die Signale aus Darm und Blase im Gehirn des Kindes an und können bewusst wahrgenommen werden. Erst dann kann Ihr Tageskind sagen oder zeigen, dass die Windel voll ist oder dass es den Toilettensitz beziehungsweise das Töpfchen braucht. Sie merken schon: Auch hier hilft kein „Am-Gras-Ziehen". Bestimmte Reifungsprozesse müssen abgeschlossen sein, bevor Kinder trocken werden können.

Erfahrungsgemäß unterstützen drei Faktoren das Sauberwerden:

▸ Das Zusammensein mit anderen Kindern, die schon auf die Toilette oder das Töpfchen gehen, vorausgesetzt, es gibt die Möglichkeit zum Zuschauen.
▸ Im Sommer „unten ohne" herumlaufen.
▸ Gelassene Erwachsene – gelassen deshalb, weil jedes gesunde Kind die Windel irgendwann als „Babykram" empfindet und „groß" werden will.

An dieser Stelle noch ein Wort zur Erwartung der Kindergärten: Keine Erzieherin kann etwas dagegen haben, wenn ein Kind die erste Zeit noch mit einer Windel in die Einrichtung kommt. Allein das Vorbild der anderen wird schnell dazu führen, dass sich das Windelthema – zumindest tagsüber – erledigt hat.

Bevor ein Kind beginnt, die ersten Wörter zu sprechen, versteht es bereits fast alles, was die Menschen um es herum sagen. Es konnte beobachten, wie es ist, wenn sich große und kleine Menschen unterhalten, wie sie sich gegenseitig auf etwas aufmerksam machen, etwa auf das Müllauto, das gerade vorbeifährt. Bereits im Mutterleib werden die Stimmen der Eltern und Geschwister vertraut. Ja, Babys erkennen sogar Geschichten wieder, die ihnen während der Schwangerschaft vorgelesen wurden, fanden Wissenschaftler heraus.

Sprechen lernen ist in den ersten Jahren eine der größten Herausforderungen. Mit etwa fünf Monaten beginnt das Baby zu lallen. Nur drei bis vier Monate später freuen sich Eltern über das erste „Mama" oder „Papa". Mütter, Väter und andere enge Bezugspersonen wie etwa Sie als Tagesmutter sind es auch, die dem Baby beim Sprechenlernen am meisten helfen. Automatisch verwenden sie die sogenannte „Ammensprache", in der sie auf die Babysprache in Höhe und Lautmalerei eingehen.

Im zweiten Lebensjahr ist es dann meistens so weit: Aus dem Brabbeln und Plappern entstehen die ersten Doppelsilben. „Gaga", „hamham", „wauwau". Und bald schon explodiert der Wortschatz. Aber auch hier gilt: Unterschiede zwischen den Kinder sind normal. Beliebte erste Worte bezeichnen alles das, was das Kind haben möchte, was ganz wichtig ist und womit es sich abgrenzt: „Mama", „Papa", „Teddy", „Haben!", „Nein!", „Auch!". Es folgen die Zwei-Wort-Sätze („Auch haben", „Will nicht", „Nils aua"), bevor nach und nach kleine vollständige Sätze entstehen: „Nils will auch Eis haben!"

Während in der Babyzeit die „Ammensprache" des Erwachsenen und die entsprechende Mimik genau richtig sind, um das Baby zu bestätigen und zu bestärken, sollten Sie sich nun ebenfalls auf das Sprachniveau des Kindes einstellen:

▸ Sprechen Sie in vollständigen, aber kurzen Sätzen.
▸ Sprechen Sie langsam und deutlich.
▸ Wiederholen Sie Ihre Sätze.
▸ Hören Sie aufmerksam zu.
▸ Erklären Sie mit einfachen Worten, was Sie tun.
▸ Bestätigen Sie das, was das Kind gesagt hat („Ja, das ist ein Auto").
▸ Beantworten Sie alle Fragen, die mit „Warum" oder „Wie" beginnen. Es kommt dabei weniger auf eine sachlich richtige Erklärung an als darauf, dass das Kind spürt, dass Sie auf seine Frage eingehen.

Die emotionale Entwicklung

Die emotionale Entwicklung des Kindes beginnt in den ersten Lebensmomenten und setzt sich während der gesamten Kindheit fort. Zunächst lernt das Kind grundlegende Emotionen wie Freude, Traurigkeit, Ärger oder Angst. Es spürt, wie es sich anfühlt, freudig erregt zu sein. Es registriert die Gefühlslage seiner engsten Bezugspersonen, unterscheidet anfangs aber noch nicht zwischen seinen eigenen Gefühlen und denen anderer. Das wird deutlich, wenn in Krabbelgruppen ein Baby weint und auch seine Krabbelkollegen unweigerlich das Gesichtchen verziehen oder ebenfalls zu weinen beginnen.

Sprachliche Gefühlsäußerungen entwickeln sich ab dem zweiten Lebensjahr in engem Zusammenhang mit den ersten kleinen Sätzen. Das Kind entdeckt jetzt, dass sein Wille nicht unbedingt mit dem der anderen übereinstimmt. Eltern und Tagesmütter bekommen das ziemlich deutlich zu spüren, wenn die Kleinen versuchen, den eigenen Kopf durchzusetzen („Trotzphase"). Unter entwicklungspsychologischer Sicht ist diese Phase eigentlich eine sehr erfreuliche. Die Kinder beginnen, der Welt mit ihrer ganzen Persönlichkeit zu begegnen. Gleichzeitig spüren sie, dass sie nicht eins sind mit den Menschen, die ihnen so viel bedeuten. In kleinen Trotzköpfen tobt ein innerer Kampf, der uns eigentlich voller Zuneigung reagieren lassen sollte. Manche Fachleute empfehlen jetzt: Je mehr die Kinder in Entscheidungen einbezogen werden, umso weniger muss es sich Entscheidungen ertrotzen.

Das Sprechen über Gefühle wird nun ebenfalls wichtiger. Sobald Kinder erkennen, in welchen Situationen welche Gefühle bei ihnen selbst ausgelöst werden, entwickeln sie ganz allmählich auch ein Verständnis für die Emotionen anderer. Bereits hier wird die Basis gelegt für die spätere soziale Kompetenz. Beide – emotionale und soziale Kompetenz – hängen eng miteinander zusammen und differenzieren sich ab dem 4. Lebensjahr immer weiter aus.

Vermeintlich tröstende Sätze wie: „Ist doch nicht so schlimm" oder „Das hat doch gar nicht so weh getan", sind deshalb auch alles andere als ein Trost. Tatsächlich sagt der Erwachsene: Das, was du empfindest, ist nicht richtig. Besser ist es, dem Kind seinen Schmerz zu lassen, es in den Arm zu nehmen, mitfühlend mit ihm zu sprechen.

Nehmen Sie Gefühle ernst

> **TIPP**
>
> Legen Sie einen Vorrat bunter Pflaster an, aus dem sich die Kinder – auch beim „Arzt-Spielen" – bedienen können. Selbst die kleinste Wunde, die für unser Auge noch nicht einmal sichtbar sein muss, wird mit großem Ernst und noch größerem Pflaster versorgt.

Das Kind in Forschung und Politik

In den vergangenen zehn Jahren hat sich das Bild vom Kind geradezu dramatisch gewandelt. Aufsehenerregende Ergebnisse der Gehirnforschung und Entwicklungspsychologie haben Eltern, Pädagoginnen und Pädagogen sowie Politikerinnen und Politiker geradezu wachgerüttelt.

Was Babys kurz nach der Geburt wissen und können, welche Fähigkeiten sie dann entwickeln und welche Strategien sie dabei anwenden – all das versuchen Wissenschaftler und Wissenschaftlerinnen herauszufinden. Eine schwierige Aufgabe, denn sie können die kleinen Versuchspersonen nicht einfach befragen. Deshalb wurden Experimente entwickelt, die bei den schon recht gut ausgebildeten Sinnen von Babys ansetzen. Wo hören die Kleinen hin, wo sehen sie hin, wo fassen sie hin, wann saugen sie wie stark an ihrem Schnuller? Zudem nutzt die Forschung moderne Technologien, zum Beispiel misst sie Hirnströme, Herz- und Atemfrequenz.

Das Gehirn von Neugeborenen hat etwa genauso viele Nervenbahnen (Neuronen) wie das eines Erwachsenen. Allerdings sind sie noch nicht so eng miteinander verknüpft. Diese Verbindung erfolgt über Synapsen – und die müssen erst gebildet werden. Durch Probieren machen die Kleinen Erfahrungen und speichern sie im Gehirn ab, wieder und immer wieder. Beliebt ist das Spiel „Herunterwerfen und schauen, ob ein Erwachsener

Ausprobieren macht klug

das Ding wieder aufhebt". Was manche Erwachsene als Tyrannei bezeichnen, ist für kleine Kinder ein Lernspiel. Sie erforschen Gesetzmäßigkeiten und lernen, dass Dinge, die sie loslassen, herunterfallen. Dass jemand anderer sie aufhebt, ist dabei weniger spannend, als zu erkennen: Immer wenn ich etwas oben loslasse, kommt es unten an. Wir können auch sagen: Sie entdecken die Anziehungskraft der Erde.

Glücksfall PISA-Studie

Wissenschaftliche Erkenntnisse müssen auf Menschen in Politik und pädagogischer Praxis treffen, die den Nutzen und die Bedeutung für den Alltag erkennen und vermitteln können. Nicht jede Zeit ist für bestimmtes Wissen gleich günstig. Und so ist das schlechte Abschneiden der 15-jährigen Schülerinnen und Schüler bei der PISA-Studie ein Glücksfall – nicht unbedingt für Schülerinnen und Schüler, die sich seitdem mit an vielen Stellen unausgegorenen Neuerungen des Schulsystems arrangieren müssen. Aber ein Glücksfall für die frühe Bildung, denn 2001 machte sich das ganze Land auf die Suche nach den Gründen für das hervorragende Abschneiden der finnischen Mädchen und Jungen. Dabei stießen wir neben anderen Aspekten auf ein umfassend ausgebautes System frühkindlicher Bildung. Erziehung, Betreuung – und Bildung lautet nun auch bei uns der Dreiklang für die Zeit vor der Schule.

Doch es ging noch weiter. Erziehung, Betreuung und Bildung – nicht nur bei Mama und Papa! Studien aus Schweden, den USA, Frankreich, Österreich und nicht zuletzt auch aus Deutschland, in denen seit Jahren nachgewiesen wurde, dass Kinder vom Zusammenspiel verschiedener Betreuungsformen profitieren, fanden auch bei uns Gehör. Zum Glück konnten Bindungsforscherinnen wie Prof. Dr. Lieselotte Ahnert nachweisen, dass die Furcht der Deutschen, Eltern verlören dadurch an Einfluss auf ihre Kinder, unbegründet ist. Auch eine qualitativ noch so hochwertige Krippe, auch eine noch so kompetente Tagesmutter ersetzt nicht die Bindung zwischen Kind und Eltern. Kinder sind durchaus und gerne in der Lage, mehrere Bindungen zu verschiedenen Menschen einzugehen und auch zwischen den Bezugspersonen zu unterscheiden. *Aber die Eltern schlagen immer durch*, formulierte es einmal ein Experte auf einer Tagung zum kindlichen Bindungsverhalten.

Frühkindliche Bildung wird neu bewertet

Damit war der Weg frei, sich auch bei uns Gedanken über eine förderliche frühkindliche Bildung zu machen. Krippen und Tagesmütter, das war bis dahin in den Augen der Öffentlichkeit etwas für Alleinerziehende, für einkommensschwache Familien, in denen Mutter und Vater arbeiten mussten, und für jene Frauen, die „sich selbst verwirklichen" wollten (was immer das heißen mochte). Ähnlich ging es auch mit den Ganztagsschulen. Als hätten wir mit PISA einen Schalter umgelegt, erkannten Politik und Pädagogik plötzlich, dass Lernen nicht erst mit dem Kindergarten (und dort lange Zeit eher als Nebenprodukt betreuender Tätigkeiten) beginnt und ebenso wenig nach der sechsten Schulstunde endet.

Nicht zuletzt diesen Entwicklungen verdanken wir den Ausbau der Kindertagesbetreuung. Das schlechte Abschneiden der deutschen Kinder bei der PISA-Studie, der Blick auf die frühkindliche Bildung in den europäischen Nachbarländern und die dadurch angeregte Bildungsdiskussion der letzten Jahre haben dazu beigetragen, dass die Bundesregierung den Ausbau der Kinderbetreuung voranbringen will. Unter dem Motto „Bildung von Anfang an" wurde auch der Stellenwert der frühkindlichen außerfamilialen Bildung, Erziehung und Betreuung neu diskutiert und bewertet. Seit 2004 gibt es einen Rahmenplan für die frühe Bildung in Kindertageseinrichtungen. Weil Kindertagespflege und Kindertageseinrichtungen in der Novellierung des Kinder- und Jugendhilfegesetzes gleichrangig genannt werden, gelten die Bildungspläne ebenso für Tagesmütter. Tagespflege ist seitdem – zumindest offiziell – als erste Stufe des Bildungssystems anerkannt.

Säuglinge wollen lernen. Mit unendlichem Eifer erkunden sie die Welt. Sie probieren Dinge immer und immer wieder aus, bis sie verstanden haben, was dahintersteckt. Das dauert manchmal einen Tag, manchmal auch Wochen oder Monate. Dass Papas Schlüssel nicht weg ist, wenn er unter einem Tuch verschwindet, begreifen Babys zum Beispiel erst mit etwa acht Monaten. So lernen die Kleinsten

Babys kommen mit einem leistungsfähigen Gehirn auf die Welt. Wenige Monate alt, können sie bereits Gesichter unterscheiden, sprachliche Laute von anderen Geräuschen trennen und sogar ihre Muttersprache erkennen. Sie unterscheiden auch zwischen angenehmen und unangenehmen Gerüchen. Vanille zum Beispiel mögen sie. Bereits wenige Monate alte Kinder beginnen, Gegenstände in Kategorien einzuteilen. Zeigt man ihnen Bilder von lauter ähnlichen Dingen, Möbelstücken zum Beispiel, langweilen sie sich bald und wenden sich ab. Taucht aber plötzlich eine Giraffe auf, werden sie wieder aufmerksam. Ebenso interessieren sie sich für alles, was sich bewegt.

Kinder lieben es, mit vertrauten Personen zu kuscheln, zu spielen, zu toben. Dabei nutzen sie die Gelegenheit, die Erwachsenen zu imitieren. Das Kind streckt die Zunge heraus, wenn Papa die Zunge zeigt, es lächelt, wenn Mama lächelt. Je älter Kinder werden, desto mehr ahmen sie nach. Sie formen Laute, wenn sie andere sprechen hören, sie machen Gesten, die denen der Eltern sehr ähneln. Sie schauen sich ab, wie man einen Löffel hält. Auch Empfindungen kopieren die Kleinen von den Großen. Rümpfen die Eltern beim Essen die Nase, wird das wahrscheinlich auch die Tochter oder der Sohn tun. Mit der Hilfe der Erwachsenen lernen Kinder, die Welt zu verstehen – und bilden sich nach und nach selbst eine Meinung. Kinder imitieren „die Großen"

Mit der liebevollen Aufmerksamkeit von Eltern und anderen Bezugspersonen lernen Babys im ersten Jahr unglaublich viel und schnell. Sie nehmen Neues nicht nur passiv auf, sie erkunden aktiv ihre Umgebung: Sie tasten, formen Laute, probieren und imitieren. Dabei sind sie beneidenswert offen, frei von Ängsten, motiviert und begeisterungsfähig. Wenn Sie selbst interessiert und offen an dem teilnehmen, was Ihr Tageskind gerade fasziniert, legen Sie die beste Grundlage für die Bildung des Kindes. Denn was ist die Basis aller Bildung? Es ist das Interesse daran, was wie und warum auf der Welt geschieht.

Wenn die Umgebung anregend ist, ohne zu überreizen, und wenn sich das Kind aufgehoben fühlt, bilden Kinder sich selbst – hartnäckig und unbeirrbar. Wie sie das machen, hat der Schweizer Kinderarzt und Wissenschaftler Remo Largo am Beispiel Bauklötzchenturm sehr schön beobachtet und beschrieben. Aufgegriffen hat das der Bundesverband für Kindertagespflege in seiner Broschüre *Bildung in der Kindertagespflege: vielfältig und kindbezogen.* Hier ein kurzer Absatz daraus:

Säuglinge spielen das, was gerade ihrer kognitiven Entwicklung entspricht, zum Beispiel, dass räumlich etwas übereinander angeordnet sein kann. Wenn das Kind aber noch nicht so weit ist, kann sich eine Tagespflegeperson noch so sehr bemühen: Das Kind wirft den Turm immer wieder um, denn das „innere Bild" von Turm ist noch nicht da. Man nennt das Kompetenzmotivation; sie hält die Aufmerksamkeit in Gang. Ein anderes Beispiel: Wenn man im Stadium des Konzeptes „Turm bauen mit Bauklötzen" Kinder dazu bewegen will, die Klötze nebeneinander zu legen und als Zug fahren zu lassen, lehnen sie das ab, weil sie noch mit dem anderen Konzept beschäftigt sind.

(Bundesverband für Kindertagespflege, *Bildung in der Kindertagespflege: vielfältig und kindbezogen*, 2008)

Bindung und Bildung

Bindung und Bildung – ein nicht zu trennendes Paar, das auch erst in den vergangenen Jahren ins Bewusstsein getreten ist. Keine Bildung ohne Bindung, oder noch anders: Ohne Bindung funktioniert Bildung nicht. Warum ist das so? Weil Gefühle, und zwar gute Gefühle, die entscheidenden Anreize für das Gehirn sind, aktiv zu werden. Weit mehr als bisher angenommen ist der Aufbau des Gehirns abhängig von positiven sozialen Erfahrungen. Bildung berührt immer und auch bei den Kleinsten die ganze Person. Sie ist nichts, was sich lediglich im Kopf abspielt.

Lernen erfordert positive Gefühle!

Diese Entdeckung müsste eigentlich eine Revolution im deutschen Bildungswesen auslösen, doch der Hirnforscher Prof. Dr. Gerald Hüther äußerte sich auf einem Vortrag eher resigniert, als er sagte: *Ich habe mich damit abgefunden, dass wir diesen Zusammenhang frühestens in 20 Jahren in den Lehrbüchern wiederfinden.* So lange müssen Tagesmütter nicht warten, zumal dieser Zusammenhang sich zwar noch nicht in der Lehrerausbildung, wohl aber in den Ausbildungsgängen zur Tagesmutter niederschlägt. Zu den Stärken der Kindertagespflege gehört ja gerade die familiäre Situation, in der sich Erwachsene auf die Bedürfnisse der jungen Menschen einstellen, Kinder eine sichere Beziehung eingehen und sich voller Lust und Leidenschaft auf die Geheimnisse ihrer Welt stürzen können.

Wenden wir uns noch kurz der Frage zu, warum Bildung für das Aufwachsen junger Menschen so stark an Bedeutung zugenommen hat. Es ist erst wenige Generationen her, da reichte das in der Schule erworbene Wissen plus die spätere Berufsausbildung, um ein Leben lang zurechtzukommen. Diese Zeiten sind vorbei. Lernen im 21. Jahrhundert heißt, sich Wissensquellen zu erschließen, Vielfalt zu überschauen, zu bewerten und zu strukturieren. Bildung heißt heute, Probleme auch ohne Routine zu meistern.

Das „lebenslange Lernen" ist die Maxime, auf die Erziehende die junge Generation vorbereiten müssen und zu der sie sie befähigen müssen. Bei Bildung geht es heute also nicht mehr um das Anwenden bekannter Abläufe, Kenntnisse und Routinen, sondern um komplexe Kompetenzen für unbekannte Situationen. Es geht um die richtige Haltung zu noch nicht bekannten Anforderungen. Selten war Bildung so anspruchsvoll wie heute, noch nie war Wissen so wenig zuverlässig wie jetzt.

Zurück zu den ganz Kleinen: Neugier, Mut und Offenheit, Experimentierfreude und Zuversicht sind die Schlüssel dazu, die von Anfang an vorhandene Lust am Lernen aufrechtzuerhalten. Es ist wie bei einer gerade entzündeten Flamme: Solange sie klein ist, genügt ein etwas stärkerer Hauch, um sie erlöschen zu lassen. Je kräftiger das Feuer lodert, umso mehr muss passieren, damit es stirbt. Die Aufgabe der Erwachsenen ist es, alles dafür zu tun, dass die Flamme des Lernenwollens stärker wird, und das heißt: ein gutes Maß an Anregung, Ermutigung und Muße zu geben.

GESPRÄCH

Gute Gefühle motivieren zum Lernen

Gespräch mit **Dr. Gerald Hüther**, Leiter der Zentralstelle für Neurobiologische Präventionsforschung der Universitäten Göttingen und Mannheim/Heidelberg. Der bekannte Hirnforscher und Autor zahlreicher Sachbücher untersucht unter anderem die Auswirkungen von Stress und Angst auf das Gehirn und auf die kindliche Entwicklung.

Die Hirnforschung hat unser Wissen über Lernen revolutioniert. Kann man das so sagen?

Hüther: *Ja, das ist nicht übertrieben. Wir haben durch die sogenannten bildgebenden Verfahren, also durch Computer- beziehungsweise Kernspintomografie, entdeckt, dass Lernen immer von Gefühlen begleitet ist und diese enorme Auswirkungen auf unser Lernen haben. Wer hätte das noch vor zehn Jahren gedacht? Und wir wissen heute, dass Kinderhirne viel formbarer sind, als wir Hirnforscher das noch vor wenigen Jahren für möglich gehalten hätten.*

5. Erziehung und Beziehung

In den vorherigen Kapiteln ist bereits deutlich geworden: Erziehung ist gleichzeitig Beziehung. Das eine geht nicht ohne das andere. Auf den folgenden Seiten geht es neben der grundsätzlichen Bedeutung des Wortpaares „Erziehung" und „Beziehung" um konkrete wünschenswerte Erziehungsziele, etwa darum, wie Sie auf Gewaltlosigkeit achten, Selbstständigkeit fördern und den Umgang der Kinder untereinander beeinflussen können. Dabei kommt es auf Ihren feinfühligen Umgang mit den Signalen der Kinder an. Ihre gute Beziehung zum Tageskind ist zugleich Ausgangspunkt und Dreh- und Angelpunkt Ihrer Erziehung.

Vielleicht stutzen Sie jetzt und denken: „Erziehen ist doch Sache der Eltern. Das will ich eigentlich gar nicht, zumindest nicht so eindeutig." Doch dabei gibt es einen Haken: Sie können nicht „nicht erziehen". Der Mechanismus ist ein ähnlicher, wie ihn der 2007 gestorbene Kommunikationswissenschaftler Paul Watzlawick beschrieben hat mit seiner bekannten Aussage: *Man kann nicht nicht kommunizieren.* Dahinter steht die Einsicht, dass jedes Verhalten bereits Kommunikation ist. Und weil man sich bei der Begegnung mit Menschen nicht „nicht verhalten" kann, kommuniziert man unweigerlich – und eben auch unbewusst – miteinander.

Bedeutsam ist dies zum Beispiel für die Kommunikation mit den Kleinsten. Wenn Sie ungeduldig wickeln, lustlos ein Lied vor sich hinbrummen oder das Baby gereizt in sein

Sie erziehen Kinder durch Ihr Verhalten

77

Bettchen legen, nimmt das Baby dieses Verhalten wahr. Und natürlich ebenso, wenn Sie beim Wickeln entspannt mit dem Säugling sprechen, gut gelaunt ein Lied trällern oder einen Reim aufsagen, das Baby leise summend ins Bettchen legen. Ideal ist es, wenn Sie das, was Sie mit Ihrem noch nicht sprechenden Tageskind tun, mit beschreibenden Worten begleiten: „So, jetzt ziehe ich dich warm an. Erst die Jacke, jetzt schließe ich die Knöpfe. Und nun kommt die Mütze auf den Kopf, damit dein Kopf nicht kalt wird, denn draußen ist es heute windig. Hui, da fliegen die Blätter durch die Luft."

Damit hier keine falschen Vorstellungen auftauchen: Sie brauchen keine „Vorzeige-Tagesmutter" zu sein. Sie sollten sich bei Ihrer Tätigkeit aber darüber klar sein, dass jedes Verhalten beim Kind als Signal für Ihre Beziehung zum Kind ankommt.

Kommunikation enthält immer auch Beziehungs-Botschaften!

Noch ein Satz von Watzlawick: *Jede Kommunikation hat einen Inhalts- und einen Beziehungsaspekt, wobei Letzterer den Ersteren bestimmt.* Ein Beispiel: Eine Tagesmutter kommt erschöpft vom Kochen aus der Küche, blickt auf den Tisch und sagt gereizt: „Na endlich habt ihr mal ordentlich den Tisch gedeckt." Gleiche Situation: Eine andere Tagesmutter kommt erschöpft aus der Küche, blickt auf den Tisch und sagt erfreut: „Wie schön! Ihr habt ordentlich den Tisch gedeckt. Dann muss ich das nicht machen und wir können direkt anfangen zu essen."

Auf der Ebene des kommunizierten Inhalts haben beide den gedeckten Tisch gelobt. Auf der Beziehungsebene hören die Tageskinder aber unterschiedliche Botschaften: Die erste Tagesmutter ist gereizt, die zweite freut sich über den gedeckten Tisch. Weil der Beziehungsaspekt den Inhalt der Kommunikation bestimmt beziehungsweise überlagert, kommt der Satz der gereizten Tagesmutter bei den Kindern nicht als Lob an. Ihre Kollegin dagegen hängt noch einen kleinen entscheidenden Satz an: „… und wir können direkt anfangen zu essen". Sie hätte nichts Besseres tun können, denn damit hat sie auch gleich noch eine positive Folge („Belohnung") für die Bemühungen der Kinder genannt und sie so motiviert, den Tisch auch bei der nächsten Mahlzeit sorgfältig zu decken.

Noch ein Beispiel: Sabine hat sich vorgenommen, ihre Tageskinder auf jeden Fall beim Kochen mitmachen zu lassen, weil sie gelesen hat, wie gut das für die Entwicklung ihres Alltagsverständnisses ist. Sabine ist jedoch eine ängstliche Frau. Sie sorgt sich, dass etwas passiert: dass sich ein Kind am Herd verbrennt oder mit dem Messer schneidet. Ihre angespannte Körperhaltung, ihre ängstlichen Anweisungen, die griffbereite Packung Pflaster signalisieren den Kindern: Die Küche ist ein gefährlicher Ort. Obwohl sich Sabine alle Mühe gibt, erreicht sie doch das Gegenteil ihrer ursprünglichen Absicht.

Dies war ein kurzer Ausflug in die Kunst der Kommunikation. Kommunikation und Erziehung gehen Hand in Hand. Sichere Bindung und frühe Kommunikation bilden die Grundlage für alle Lern- und Bildungsprozesse. So wie Sie sich verhalten, erziehen Sie das Kind. Sie teilen sich mit, Ihre Ängste ebenso wie Ihre Freuden.

Forschungen zur Körpersprache durch Videoanalysen zeigen regelmäßig, dass der Körperausdruck der Eltern widersprüchlich zu dem sein kann, was sie sagen oder tun möchten. Je kleiner die Kinder sind, umso unmittelbarer wirkt jedoch der Körperausdruck auf sie. Älter Kinder reagieren zunehmend irritiert, wenn Körpersprache und verbale Sprache nicht zusammenpassen, doch es dauert, bis sie zurückfragen können: „Du hast zwar gesagt, du hättest jetzt Zeit, aber du siehst aus, als hättest du keine Lust zum Spielen." Bezugspersonen älterer Kinder fühlen sich häufig ertappt und leugnen ihre Unlust, anstatt zu antworten: „Du hast recht, eigentlich habe ich keine Lust zum Spielen. Aber ich wollte dir einen Gefallen tun und habe außerdem ein schlechtes Gewissen, weil ich in letzter Zeit so wenig mit dir spiele."

Eine solche ehrliche, offene und den anderen ernst nehmende Unterhaltung zeugt von echter Zuneigung und Wertschätzung. Erziehung läuft hier gleichsam nebenbei ab, zumal Kinder von Vor*bildern* lernen und nicht von Vor*sagern*. Das Vertrauen des Kindes in die Welt, sein Zutrauen zu sich selbst hängt ganz maßgeblich davon ab, wie sich die Erwachsenen um es herum verhalten. Die Stunden mit der Tagesmutter sind ein wichtiges Teilstück seiner tagtäglichen Erfahrungen. *Gefühle bestimmen die Architektur des Gehirns,* sagt der bekannte US-Psychiater Stanley Greenspan. Und Gefühle ergeben sich aus Beziehungen.

Feinfühligkeit

Ohne auf diesen Seiten ausführlich auf die Forschung zur frühen Bindung von Säuglingen eingehen zu können, soll das Konzept der Feinfühligkeit kurz erläutert werden.

Die Feinfühligkeit von Bindungspersonen gegenüber den Signalen des Kindes wurde von Mary Ainsworth in einer Arbeit von 1977 thematisiert und bezeichnet die Fähigkeit, sich in die Lage des Kindes versetzen zu können. Dessen Signale müssen wahrgenommen, richtig interpretiert und in angemessener Zeit – das bedeutet bei Säuglingen: unverzüglich – erfüllt werden. *Für eine Tagesmutter heißt das, dass sie eine niedrige Wahrnehmungsschwelle braucht. Sie muss bereits auf das Kind reagieren, wenn es traurig oder passiv ist, nicht erst, wenn es weint oder verzweifelt,* betont die Psychologin Dr. Fabienne Becker-Stoll. Mehr zum Thema Bindung und Feinfühligkeit lesen Sie am Ende des Kapitels in dem Gespräch mit der Bindungsforscherin.

Neugeborene, Säuglinge und Kleinkinder sind ganz auf die Befriedigung der Grundbedürfnisse durch ihre Umwelt angewiesen. Wir wissen heute, dass die Befriedigung der *physischen Grundbedürfnisse* (Hunger, Durst, körperliche Hygiene, Schutz vor Kälte oder Hitze) nicht ausreicht, um eine gesunde Entwicklung von Kindern zu gewährleisten. Die Berücksichtigung der körperlichen Bedürfnisse bildet vielmehr die Grundlage für die Befriedigung *psychischer Bedürfnisse*. Die Letztgenannten sind es, die die Voraussetzung für eine gesunde Entwicklung bilden. Feinfühliges Verhalten der Bezugspersonen von Anfang an ist deshalb entscheidend für die Entwicklung der Bindung von Säuglingen.

Bindung bezeichnet die enge emotionale Beziehung zwischen Menschen. Die vertraute Bindungsperson ist in der Regel die Mutter, doch gehen Säuglinge auch Beziehungen zu mehreren engen Bezugspersonen ein. Die Wissenschaftler, die dies entdeckten, beobachteten dabei eine Hierarchie der Bindungspersonen. Ganz oben steht üblicherweise die Mutter, es folgt der Vater, aber auf der nächsten Stufe kann bereits die Tagesmutter stehen, je nachdem, ob es Geschwister gibt oder Oma und Opa eine wichtige Rolle im Alltag übernehmen.

Kinder in der Gruppe

Kinder sind gesellige kleine Wesen. Schon früh – Studien sagen: bereits im Alter von neun Monaten – interessieren sich Säuglinge für andere Kinder und nehmen im Rahmen ihrer Möglichkeiten Kontakt zu ihnen auf. Die *Bereitschaft*, sich sozial zu verhalten, ist also angeboren; die *Fähigkeit*, sich sozial zu verhalten, braucht liebevolle Vorbilder, Förderung und Begleitung.

Kognition: die Erkenntnis und Wahrnehmung betreffend

Inzwischen ist auch unbestritten, dass Kleinkinder von Kontakten zu anderen Kindern kognitiv und sprachlich profitieren. Sich sozial gut eingebunden zu fühlen stärkt außerdem Leistungsbereitschaft und Leistungsfähigkeit. Und noch eine weitere Information aus der Wissenschaft: Wer sich für andere wertvoll fühlt, wer erlebt, anderen helfen zu können, der sammelt gute Gefühle, die sogar das Immunsystem stärken. Als Jugendliche und Erwachsene sollen Menschen, die von Kindheit an sozial gut eingebunden sind, weniger anfällig für Perspektivlosigkeit, Depression, Drogen und andere Süchte sein.

Bleiben Sie zunächst noch im Hintergrund

Das sollten Sie wissen: *Kleinkinder* brauchen Sie im Hintergrund, damit der Kontakt zu Gleichaltrigen gut läuft. Bei Einjährigen hält er oft nur wenige Minuten an, in denen sich die Kinder betasten, besonders gerne im Gesicht und dort bevorzugt die Augen. In diesem Alter halten Kinder noch still, doch nicht mehr lange und sie wehren die Hand vor ihrem Gesicht ab.

Einige Monate später beginnen Kinder miteinander zu spielen – ein großer Schritt! Die Kinder erfassen nun bereits eine Situation und können sich selbstständig einbringen. Das Spiel, das Sie bei ihren Tageskindern beobachten können, läuft in etwa so ab: Ein Kind spielt mit seiner Puppe, ein anderes sucht sich auch eine Puppe und setzt sie daneben. Oder: Ein Kind lässt sein Auto über den Fußboden fahren, das andere holt sich auch ein Auto und lässt es ebenfalls fahren. Je nach Temperament und Geduld der kleinen Akteure kann so bereits eine Viertelstunde und mehr vergehen. Vormachen und Nachmachen heißt das Spiel, welches Kinder in diesem Alter noch zu zweit spielen; es wird noch eine Zeitlang dauern, bis sie in der Lage sind, ihre Aufmerksamkeit auf mehrere Spielkameraden oder -kameradinnen zu verteilen. In diesem Alter hauen sie sich auch gerne das eine oder andere Spielzeug auf den Kopf, ohne dass sie verstehen können, dass sie selbst die Ursache für den Schmerz beim anderen sind.

Spannend: andere zum Weinen bringen

Mit etwa *zwei Jahren* beginnt noch einmal eine spannende Zeit, die manche Eltern aber fürchten. Die friedlichen Kleinen werden plötzlich zu scheinbar unsozialen Querköpfen. Für sie gibt es nun nichts Aufregenderes als etwa den Sandkuchen kaputt zu hauen und gespannt abzuwarten, ob und wann das andere Kind lauthals weint. Die Reaktionen der anderen, das ist der hochinteressante Effekt, denn jetzt verstehen sie bereits, dass sie mit ihrem Verhalten etwas bewirken können. In dieser Zeit, die sich nach etwa einem halben Jahr wieder abschwächt und normalerweise ganz verschwindet, können Sie als Tagesmutter erleben, wie friedlich spielende Kinder plötzlich aufeinander einhauen oder die gemeinsam gebaute Burg von einem Kind genussvoll zertrampelt wird.

Möglicherweise fällt es Ihnen schwer, dann nicht zu schimpfen. Aber auf dieser Entwicklungsstufe haben Kinder noch kein Verständnis dafür, warum es nicht in Ordnung ist, die fremde Burg zu zertrampeln. Sie können sich auch immer noch nicht in den anderen hineinversetzen. Sätze wie: „Guck mal, jetzt ist Leila traurig", bewirken deshalb nichts. Setzen Sie sich dazu und spielen Sie mit, dann konzentrieren sich die Kinder gerne auf neue Anregungen.

Ein knapp dreijähriges Kind, das vor wenigen Wochen noch der Schrecken aller Sandkästen war, tröstet plötzlich das jüngere Tageskind, dessen Sandkuchen zusammengefallen ist. Was ist passiert? Es hat gelernt mitzufühlen. Voller Eifer backt es nun den Jüngeren im Sandkasten neue Kuchen, hilft der Tagesmutter beim Anziehen des Babys und strahlt, wenn die Tagesmutter fragt: „Kannst du mir mal in der Küche helfen?" Mit einem anderen, größeren Tageskind kann es sich dagegen richtig heftig streiten. Häufig muss die Tagesmutter dazwischengehen, aber manchmal gelingt es den beiden auch selbstständig, einen Kompromiss zu schließen. „Abwechseln" und „tauschen" heißen bald die Zauberworte, durch die sich keiner zurückgesetzt fühlt.

Tagesmutter Inga hält einen Tipp parat:

Wir haben eine lustige Eieruhr im Spielzimmer. Es gibt eigentlich nichts, was sich damit nicht regeln lässt. Bei Streit um ein Spielzeug wissen die Kinder, dass jedes von ihnen das begehrte Teil so lange haben kann, bis die Eieruhr klingelt. Auch wenn ich einmal eine Pause brauche, stelle ich die Uhr – allerdings nie länger als fünf Minuten. Und ungeliebte Aufgaben wie das Aufräumen teilen wir durch die Eieruhr ein. Zum Beispiel so: Nele räumt die Puppensachen auf, bis die Eieruhr klingelt, Markus die Autos, wir alle zusammen die Legosteine. Wichtig ist nur, dass die Zeiteinheiten dem Alter der Kinder angemessen sind. Lieber zu kurz als zu lang.

Ab *drei Jahren* sind Kinder fasziniert von dem, was größere Kinder schon alles können. Von ihnen lassen sie sich lieber etwas sagen oder zeigen als von Erwachsenen. Sprachlich können sie sich gut verständigen und das Verständnis für die eigenen Gefühle und die der anderen nimmt kontinuierlich zu.

Die Entwicklung des Sozialverhaltens ist ein langwieriger Prozess, der mit zwei Jahren erst begonnen hat und noch viele Jahre andauert. Ältere Kinder brauchen nicht mehr ständig die Anwesenheit eines Erwachsenen bei ihren sozialen Kontakten. Sie wollen allein ausprobieren. Das erweitert ihren sozialen Horizont, denn andere Kinder verhalten sich anders als Erwachsene. Sie sind nicht immer fürsorglich, nehmen keine Rücksicht, wollen nicht belehren. Auch damit muss man umzugehen lernen. Die Kindertagesstätte ist jetzt der richtige Ort für die weitere Entwicklung.

Kinder müssen auch soziale Kontakte ausprobieren können

Kinder fördern

Eine kleine Gruppe, wie Sie sie in der Tagespflege finden können, bietet nach allem, was wir auf den zurückliegenden Seiten erfahren haben, beste Voraussetzungen, um die Kleinsten angemessen zu fördern. Eine liebevolle und fachlich kompetente Bezugsperson, mehrere Spielkameraden und -kameradinnen, die Erfüllung aller körperlichen Bedürfnisse – damit ist die beste Grundlage gelegt für eine gedeihliche Entwicklung.

Individuum und Gemeinschaft

Kinder fördern heißt, sie in ihren Eigenheiten wahrzunehmen, anzuerkennen und ihnen ihrem Entwicklungsstand angemessene Angebote zu machen. Dabei gilt es, sie sowohl zu einer *eigenständigen* als auch zu einer *gemeinschaftsfähigen* Persönlichkeit anzuleiten. Dieser Anspruch steht festgeschrieben im Kinder- und Jugendhilfegesetz (KJHG). So wenig konkret diese Aufforderung auf den ersten Blick auch klingen mag, zielt sie doch auf die wesentlichen Eigenschaften ab, die eine Gesellschaft zusammenhalten.

Gleichzeitig offenbart der Anspruch an Eigenständigkeit und Gemeinschaftsfähigkeit aber auch ein Spannungsfeld, welches jeder Einzelne, jede Gruppe oder jede Familie kennt. Wir fragen uns beinahe täglich: Stelle ich aus diesem oder jenem Grund meine Bedürfnisse über die der anderen oder stecke ich zugunsten eines gemeinsamen Anliegens zurück? Oder: Gibt es einen Kompromiss?

Als Tagesmutter werden Sie täglich mehrmals mit diesen Fragen konfrontiert, die sich etwa bei solchen Gelegenheiten stellen:

▸ Eigentlich ist an diesem Tag „Waldtag", die Kinder freuen sich wie jede Woche darauf, aber heute regnet es und ein Kind weigert sich, bei Regen nach draußen zu gehen.

▸ Ein Kind hat gerade gelernt, Knöpfe zu schließen, und nimmt sich viel Zeit, um alleine seinen Mantel zuzuknöpfen. Gleichzeitig drängt die Zeit, um wie versprochen noch vor dem Essen auf den Spielplatz zu gehen.

▸ Ein Kind ist seit einigen Wochen in der „Kaputt-mach-Phase". Die anderen Kinder haben aus Decken und Stühlen eine Höhle gebaut und stürzen sich auf den Störenfried, als er versucht, das Kunstwerk einzureißen.

Den Entwicklungsstand jedes einzelnen Kindes zu berücksichtigen und gleichzeitig zu beachten, was der kleinen Gemeinschaft guttut, ist ein steter Balanceakt. Nicht zuletzt hängt es auch von den persönlichen Vorstellungen jeder einzelnen Tagesmutter ab, ob sie eher die Gemeinschaft oder das einzelne Kind im Blick hat. Vermutlich wird jeder bei sich eine Tendenz zum einen oder anderen Extrem feststellen. Trotzdem sollten Sie versuchen, beides in Einklang zu bringen.

Gestalten Sie Ihre Räume und den Außenbereich nach Möglichkeit so, dass sowohl ungestörte Spielabläufe einzelner Kinder als auch Rückzug für zwei oder drei Kinder möglich sind. Platz zum Bauen, Rennen, Ballspielen, Verstecken und Jagen unterstützen die Kontakte untereinander ebenso wie Tische und Stühle, die mit einer Decke zu Höhlen gebaut werden können. Stühle, die hintereinandergestellt zu „Eisenbahnfahrten" einladen, sind ideal für Mitmach-Spiele vielfältiger Art (beispielsweise „Nicht den Boden berühren") und regen zu gemeinsamen Aktionen an. Ihre Spielzeugauswahl sollte sich am Entwicklungsstand jedes einzelnen Kindes orientieren, begehrte Dinge sind am besten mehrfach vorhanden.

Eltern und erfahrene Tagesmütter wissen darüber hinaus: Dinge aus dem Alltag gehören meist zum beliebtesten Spielzeug. Besonders bewährt haben sich stabile Verpackungskartons, gerne auch so groß, dass daraus zum Beispiel ein kleines Haus gebaut werden kann. Aus Papprollen (leere Toiletten- und Küchenrollen) wurde schon manche Murmelbahn gebastelt, entstanden – bunt angemalt und mit viel Transparentfilm zusammengeklebt – Märchenschlösser und Ritterburgen. Im kreativen Spiel mit Materialien, die keine Funktion, keine Spiele vorgeben, erfahren Kinder, was sie selbst können und was gemeinsam mit anderen möglich ist.

Sie selbst können der Entwicklung Ihrer Tageskinder keinen besseren Dienst leisten, als respektvoll zu beobachten, nicht zu unterbrechen, sich im Spiel mit Vorschlägen, Verbesserungen oder Anregungen zurückzuhalten und nur bei deutlichem Bedarf einzugreifen. Fördern ist zwar ein aktiver Begriff, gelingt aber in vielen Fällen vor allem dann, wenn Sie sich scheinbar passiv verhalten. Scheinbar deshalb, weil aus dem bisher Gesagten sicher deutlich geworden ist, dass es auf die innere Haltung ankommt, mit der Sie den Posten der Beobachterin einnehmen. Es ist ja ein großer Unterschied, ob Sie gelangweilt und desinteressiert irgendwo dabeisitzen, froh sind, dass Sie Ihre Ruhe haben, oder ob Sie innerlich aktiv teilnehmen an dem, worin die Kinder vertieft sind. Den Kontakt untereinander fördern Sie also am besten, indem Sie den Kindern die Möglichkeit geben, quasi nebenbei und ohne erhobenen Zeigefinger oder andere Einmischung voneinander zu lernen.

Unter der übergeordneten Überschrift „Kinder fördern" sollen noch zwei Aspekte angesprochen werden, die häufig unter den Tisch fallen oder eher negativ besetzt sind: Langeweile und „Dummheiten".

Leider wird Langeweile allzu schnell als ein Zustand angesehen, der möglichst bald abgestellt werden sollte. Selbst in manchen guten Kinderbüchern wird der „langen Weile" kein Raum gelassen, sondern sie dient auch dort zur Beschreibung eines unerfreulichen Zustandes. Doch im Gegenteil: Wenn Kinder Langeweile haben, heißt das, sie haben ein Stückchen unverplante Zeit. Was kann ihnen in einem Alltag, der allzu oft durchorganisiert ist, Besseres passieren? Wer keine Langeweile kennt, hat nicht erfahren dürfen, dass daraus die besten spontanen Ideen entspringen können. Um kreativ zu sein, brauchen Kinder wie Erwachsene eine Phase des absichtslosen Nichtstuns.

Dazu ein Beispiel: Ein Kind hat nichts zu tun und wälzt sich quängelnd und schlecht gelaunt auf dem Boden. Niemand beschäftigt sich mit ihm, auch der Fernseher muss ausgeschaltet bleiben. Nach einigen Jammertiraden wälzt es sich hin und her, breitet die Arme aus und tritt mit den Füßen um sich. Aus dem Treten wird nach einigen Minuten der Versuch, mit den Füßen an eine Lampe zu stoßen (was zum Glück nicht gelingt). Aber da die Füße nun schon einmal in der Luft sind, versucht es, in der Luft Fahrrad zu fahren, wie es das manchmal bei der Mama gesehen hat, wenn sie ihre Gymnastik macht. Aus der Langeweile ist eine kreative Turnstunde geworden.

Widerstehen Sie also dem Drang, allzu viele und allzu schnelle Angebote und Anregungen zu machen. Langeweile ist kein Schimpfwort und kein Vorwurf. Kinder, die erfahren haben, dass sie von Erwachsenen pausenlos „bespielt" werden oder nur von dort die besten Anregungen bekommen, verlernen, aus sich selbst heraus schöpferisch zu sein. Tagesmutter Kirsten berichtet:

> *Meine Tageskinder haben es sich irgendwann abgewöhnt, über Langeweile zu klagen, weil ich dann regelmäßig sage: „Prima, ruht euch ruhig ein wenig aus. Dabei fällt euch sicher etwas Gutes ein."*

Auch wenn wir Erwachsenen uns oft nicht einmal mehr an das Gefühl von einer „langen Weile" erinnern können, so kennen wir doch den Effekt, dass wir die Lösung eines Problems häufig dann finden, wenn wir gerade Routinetätigkeiten erledigen. Zähne putzen, bügeln, Haare fönen, auf der Autobahn fahren, im Zug sitzen – wenn unsere Gedanken ruhen, überfällt uns manchmal wie der sprichwörtliche Blitz aus heiterem Himmel die rettende Idee, der geniale Einfall.

Nach der Langeweile nun zur „Dummheit". Helga Gürtler, die Autorin des Buches *So wird mein Kind selbstbewusst* (http://www.helga-guertler.de), schreibt in ihrem Beitrag „Kinder brauchen Kinder" für das Internet-Familienhandbuch:

Besonders in den Städten werden die Gelegenheiten, wo sich Kinder gefahrlos und zwanglos draußen zusammenfinden können, immer seltener. Schon zum nächsten Spielplatz brauchen sie oft Erwachsenenbegleitung. Aber wie und wo soll man noch Dummheiten machen, wenn ständig ein Großer zuguckt? [...] Ein gerütteltes Maß an Dummheiten, gegen die die Erwachsenen was hätten, wenn sie davon wüssten, gehört einfach zum Kinderleben. Sie dienen der Selbstfindung und der Emanzipation.

Wo es keine Gelegenheiten dafür mehr gibt, müssen wir sie wieder schaffen.

▸ *Wo können Kinder noch ohne Verabredung nach Spielgefährten suchen, ohne in den gefährlichen Verkehr zu geraten?*

▸ *Wo gibt es noch Gebüsche, in denen die Kinder Höhlen bauen und sich den Blicken der Erwachsenen entziehen können?*

▸ *Wo gibt es Raum für Abenteuer, für Angst und Mut und Bewährungsproben, die man einfach bestehen muss?*

▸ *Wo dürfen Kinder krakeelen, ohne dass sich Erwachsene über den Lärm beschweren?*

[...]

(http://www.familienhandbuch.de/cmain/f_Fachbeitrag/a_Erziehungsbereiche/s_1081.html [Oktober 2008])

Vielleicht rutscht Ihnen bei dem Wort „Dummheit" das Herz in die Hose. Vielleicht denken Sie an Gefahren, an aufgebrachte Eltern, an Beschwerden? Doch es erscheint einleuchtend, dass Kindheit nicht von morgens bis abends beaufsichtigte Zeit sein sollte. Aufsicht verhindert bestimmte Erfahrungen. Helga Gürtler stellt Fragen, die beschreiben, was Kinder ausprobieren, wenn sie abseits erwachsener Regelungen zusammen sein können:

Unbeaufsichtigte Zeit

▸ *Wie verhandle ich mit einem anderen Kind, damit es mit mir spielt?*

▸ *Wie weit darf ich meinen eigenen Kopf durchsetzen, wo muss ich nachgeben?*

▸ *Wie weit darf ich einen anderen ärgern, bis ich was auf die Mütze kriege?*

▸ *Wie streitet man sich am effektivsten und wie verträgt man sich wieder?*

▸ *Wie weit ist irgendein Unsinn Spaß und wann wird es Ernst?*

(http://www.familienhandbuch.de/cmain/f_Fachbeitrag/a_Erziehungsbereiche/s_1081.html [Oktober 2008])

Es ist nicht einfach, einen Weg zwischen Aufsichtspflicht und unbeaufsichtigtem Spiel zu wagen. Vielleicht entscheiden Sie sich als Tagesmutter ganz klar für die Aufsichtspflicht. Trotzdem ist es sicher einige Minuten des Nachdenkens wert, sich die aus Kindersicht gestellten Fragen durch den Kopf gehen zu lassen. Und diese Fragen führen auch gleich zum nächsten Thema.

Konflikte lösen

Wenn Kinder sich auseinandersetzen, werden sie schnell und oft handgreiflich. Kinder brauchen einige Jahre, manche bis ins Schulalter, bis sie gelernt haben, Wut und Enttäuschung so weit zu zügeln, dass sie nicht hauen, schubsen, beißen oder treten müssen. Als Erwachsene sollten wir deshalb immer wieder zeigen und erklären, wie eine Auseinandersetzung ohne Verletzungen gelingen kann.

Kleinkinder merken sehr schnell, dass Beißen oder Schlagen die Erwachsenen in Wallung bringt. Sie sind fasziniert von den Reaktionen, die sie sowohl bei Gleichaltrigen als auch bei den „Großen" hervorrufen können. Man könnte auch sagen: Sie erfahren, welche Macht sie haben.

Eine alltägliche Szene: Zwei Tageskinder spielen zunächst friedlich Seite an Seite, bis das eine Kind dem anderen irgendein Spielzeug wegnehmen möchte, und weil es seinen Willen nicht bekommt, beißt und schlägt es das andere, das natürlich anfängt zu schreien und zu weinen. Die herbeigeeilte Tagesmutter tröstet zunächst das weinende Kind und lässt das andere unbeachtet.

Hätte sie zunächst mit dem beißenden und schlagenden Kind geschimpft, dann hätte dieses gelernt, dass man durch Beißen, Schlagen und Wegnehmen Aufmerksamkeit bekommt. Es hätte das Gleiche vielleicht wenig später noch einmal probiert, und so hätte sich sein Verhalten verfestigen können.

Aggressives Verhalten nimmt in den ersten drei Lebensjahren zu, und zwar so lange, bis die Kinder in Sprache und Gefühlswahrnehmung so weit sind, dass sie das, was sie bewegt, in Worte fassen können. Weil Jungen häufig aggressiver als Mädchen sind, brauchen sie auf der einen Seite ausreichend Gelegenheit, Aggressionen abzubauen, auf der anderen Seite aber auch besondere Zuwendung, wenn sie sich bemühen, nicht zu schlagen.

Führen Sie Regeln ein — Es hat sich bewährt – wie in Schule und Kindergarten auch – im Haushalt der Tagesmutter einige Regeln diesbezüglich einzuführen und zu erläutern. Zum Beispiel so:

▸ Ein Stärkerer kämpft nicht gegen einen Schwächeren.
▸ Mehrere Kinder verbünden sich nicht gegen ein Kind.
▸ Wir schlagen nicht mit Gegenständen.
▸ Wir hauen nicht auf den Kopf.
▸ Wenn einer weint oder nicht mehr will, beenden wir Streit oder Kampf.

Dass Tageskinder in der Regel weder lesen noch schreiben können, macht nichts. Erstens können die Regeln bebildert werden, sodass klar ist, worum es geht. Zweitens verstehen auch Zweijährige ganz gut, was es heißt, wenn die Tagesmutter vielsagend auf das Stück Papier an der Wand zeigt.

Streit und Konflikte, auch Raufereien, gehören zum Zusammenleben dazu. Kinder, die streiten, nehmen sich gegenseitig wahr. Hinter friedlich wirkenden Menschen verbirgt sich oft Gleichgültigkeit. Die Kinder lernen im Konflikt, die Balance zu wahren zwischen dem, was jeder Einzelne möchte, und dem, was die Mehrheit der Gruppe oder was der andere möchte. Wenn Erwachsene zu schnell einschreiten, lernen sie das nicht.

Andererseits müssen Erwachsene immer dann einschreiten, wenn eine Auseinandersetzung zu eskalieren droht, wenn Kinder gewalttätig werden. Gewalttätigkeit jeglicher Art – auch verbaler und seelischer – bildet die Grenze. Wenn Sie bei Gewalt nicht einschreiten, signalisieren Sie zweierlei: Zum einen, dass Sie Gewalt als Mittel tolerieren, um sich durchzusetzen. Zum anderen, dass Sie wegschauen, wenn schwächere Kinder unterdrückt werden. Für beide Aspekte sollten Erwachsene sehr sensibel sein.

Erwachsene müssen bei Gewalt einschreiten

Hilfreich schreiten Sie ein, wenn Sie den Kindern Fragen stellen und sich mit einer persönlichen Bewertung zunächst zurückhalten:

▸ Was ist los? Was ist passiert?
▸ Wie geht es euch? Wer ist traurig? Wer ist wütend?
▸ Was wünscht ihr euch?
▸ Was meint ihr: Was könnt ihr jetzt tun?

Mit einfühlsamen Fragen helfen Sie den Kindern zu verstehen, was eigentlich genau los ist. Was will ich eigentlich? Was bin ich bereit, dafür zu tun? Wozu stehe ich und wofür entschuldige ich mich?

Müssen Sie einen Streit schlichten, so gehört dazu Neutralität und Sachlichkeit. Versuchen Sie deshalb, auch wenn ein Kind an einer Stelle blutet, gelassen zu bleiben. Kümmern Sie sich um das verletzte Kind, aber heizen Sie die Stimmung nicht weiter auf. Hören Sie allen Beteiligten gut zu. Kanzeln Sie den Missetäter – falls es einen gibt – nicht vor allen anderen ab, sondern nehmen Sie ihn, wenn sich die Lage beruhigt hat, zur Seite und sprechen Sie die Situation und sein Verhalten noch einmal in Ruhe mit ihm durch.

Bleiben Sie sachlich

Ab Ende des dritten Lebensjahres haben die meisten Kinder eingesehen, dass es andere Möglichkeiten gibt, sich durchzusetzen. Wenn Kinder Raum und Zeit haben, sich in Konflikten zu üben, kommen sie meistens zu ganz pragmatischen Lösungen. Die Vorbilder der Erwachsenen und die älterer Spielgefährten und -gefährtinnen sind bei diesem Lernprozess nicht zu unterschätzen. Kinder brauchen Anregungen, wie sie ihre Konflikte gewaltfrei lösen können, wie sie ihre eigenen Grenzen erkennen, setzen und verteidigen und wie sie Grenzen der anderen akzeptieren.

Schüchtern, ängstlich, dominant

Die meisten unsicheren und schüchternen Kinder verraten sich durch ihr körperliches Auftreten: Sie bewegen sich zaghaft, machen sich klein, ziehen sich zurück, halten sich am Rand auf. Sie tun dies nicht, weil sie sich in der Rolle gefallen – zumindest noch nicht in diesem Alter –, sondern sie leiden an ihrer Gehemmtheit. Häufig reagieren sie auch empfindlich auf große Gruppen, auf Lautstärke oder laute Anweisungen.

Ein schüchternes, ängstliches Kind braucht

Schüchterne Kinder brauchen Zeit

▸ ausreichend Zeit, um sich an neue Situationen zu gewöhnen: Das können auch ein fremder Spielplatz, ein Ausflug, ein Besuch sein. Wenn ein schüchternes Kind so lange auf Ihrem Schoß sitzen bleiben, an der Hand gehen oder auf dem Arm bleiben darf, bis es sich traut, sich ein Stück wegzubewegen, sind Sie ihm bereits eine große Hilfe. Es muss den sicheren Hafen nicht verlassen und kann trotzdem aufnehmen, was um es herum vor sich geht.

▸ Erwachsene, die es ermutigen und anregen: Seien Sie zurückhaltend mit Zuschreibungen, die so oder ähnlich lauten: „Ja, unser Julian. Er ist so schüchtern und braucht noch etwas Zeit." So bestärken Sie das Kind in seiner Schüchternheit. Auch auf Lob reagieren schüchterne Kinder nicht immer erfreut: „Klasse, Julian! Du bist ja heute ganz allein zu dem Klettergerüst hinübergegangen." Nun kann es sein, dass Julian stolz ist; es kann aber auch sein, dass ihm umso deutlicher wird, wie schüchtern er sonst ist, und er sich beschämt fühlt. Sagen Sie besser: „Ich habe mich richtig gefreut, Julian, als ich gesehen habe, dass du zum Klettergerüst gegangen bist."

▸ Erwachsene, die ihm Aufmerksamkeit schenken und seine Selbstachtung stärken: Schüchterne Kinder sind bei Erwachsenen häufig beliebt, denn sie machen in der Gruppe keine Arbeit. Leider geschieht es deshalb häufig, dass sie übersehen werden. Als Tagesmutter können Sie schüchterne Kinder stärken, indem sie bei der Spielauswahl die Stärken des Kindes in den Mittelpunkt stellen und diese auch benennen. Dies sollte zurückhaltend und nicht offenkundig und plakativ geschehen. Merkt ein sensibles Kind, was Sie vorhaben, wird es sich erst recht zurückziehen oder verstummen.

Vor allem aber brauchen schüchterne Kinder einfach Erwachsene, die sie so mögen, wie sie sind.

TIPP

Schüchterne Kinder lieben Geschichten, besonders gerne selbst erdachte, in denen aus anderen schüchternen Kindern Helden werden.

Das vermeintlich krasse Gegenteil von schüchternen Kindern sind dominante, mitunter auch aggressive Kinder. „Vermeintlich" deshalb, weil herrische Kinder auch versuchen können, ihre Schüchternheit damit zu überspielen. Aggression, so der Hinweis zahlreicher Fachleute, sollte immer auch als Hilferuf wahrgenommen werden. Aggressive Kinder wissen sich oft nicht anders zu helfen, um auf sich aufmerksam zu machen. Im Prinzip und mit anderen Vorzeichen gelten die oben aufgezählten Punkte deshalb auch für aggressive Kinder. Als Tagesmutter können Sie kleinen Raufbolden helfen, ihre leisen und weichen Seiten auszuleben.

Im akzeptablen Rahmen dominante Kinder zeichnen sich dadurch aus, dass sie auch als Baby schon früh auf Entdeckungsreise gehen, immer etwas Neues ausprobieren und sehr willensstark sind. Je älter sie werden, desto weniger scheuen sie sich, Verantwortung zu übernehmen. Sie verfügen über ein sicheres Gespür für Fairness und geben in den Gruppen schnell den Ton an. Mit kurzen, klaren Anweisungen und konsequentem Handeln kommen diese Kinder am besten klar. Bei ausführlichen Begründungen oder zu vielen Worten schalten sie dagegen schnell „auf Durchzug". Als Tagesmutter lenken Sie den Willen solcher Kinder am besten in sozial verträgliche Bahnen, wenn es viel entscheiden kann und Sie ihm dabei die Auswahl zwischen zwei, je nach Alter auch drei Alternativen lassen.

GESPRÄCH

Feinfühliges Verhalten steht an erster Stelle

Gespräch mit **Dr. Fabienne Becker-Stoll**. Die Psychologin leitet das Staatsinstitut für Frühpädagogik in München (ifp) und lehrt an der Ludwig-Maximilians-Universität München. Ihr Forschungsschwerpunkt ist die Bindungsentwicklung von der frühen Kindheit bis zum Erwachsenenalter.

Wie entsteht eine sichere Bindung?

Becker-Stoll: *Eine Bindungsbeziehung baut ein Kind zu den Personen auf, die sich von Geburt an am intensivsten und am meisten darum kümmern. Pflege und Nahrung sind dabei zwar enorm wichtig, wir konnten aber bei Experimenten mit Primaten beobachten, dass die jungen Tiere in fremden oder gefährlichen Situationen nicht dort Schutz suchen, wo sie Nahrung bekamen, sondern bei einer Kuschelattrappe. Was uns dieses Experiment sagen will: Eine sichere emotionale Bindung ist nicht unbedingt gekoppelt an eine den Körper des Kindes befriedigende Person.*

Wie kann eine Tagesmutter den Aufbau einer guten Beziehung zum Kind unterstützen?

Becker-Stoll: *Für Tagesmütter gilt: Feinfühliges Verhalten steht an erster Stelle. Das bedeutet konkret, ich dränge mich nicht auf, ich „überfahre" das Kind nicht. Aber ich registriere Unruhe, Anspannung und nähere mich vorsichtig an. Nimmt das Kind meine Angebote an, ist es gut. Wenn nicht, warte ich ab und wiederhole meine Angebote vielleicht etwas später. Je kleiner das Kind ist, umso entscheidender ist ein einfühlsames Verhalten. Kinder zeigen, wann sie Nähe suchen und wann nicht. Manche beobachten das Geschehen um sie herum lieber vom sicheren Schoß der Tagesmutter aus. Ganz wichtig ist auch, dass die Tagespflegepersonen die Beziehung zwischen Kind und Eltern nicht beurteilen. Sie darf sich nie anmaßen, diese Beziehung zu bewerten.*

Woran erkennt eine Tagesmutter, ob es einem Kind bei ihr gut geht?

Becker-Stoll: *Dafür gibt es eindeutige Anzeichen. Wenn ein Kind bei der Tagesmutter Trost sucht und Trost annehmen kann, kann man davon ausgehen, dass hier eine Vertrauensbeziehung aufgebaut werden konnte. Tagespflegepersonen sollten auf die subtilen Signale der Kinder achten. Dreht sich ein Kind weg, wenn ich mich ihm nähere? Wie reagiert es auf Körperkontakt, wenn es traurig ist? Die Aufgabe von Tagesmüttern ist Feinfühligkeit.*

Sind Eltern und Tagesmütter Konkurrentinnen?

Becker-Stoll: *Ganz sicher nicht. Eltern sollten wissen: Sie sind normalerweise die absolute Nummer eins. Forschungen haben gezeigt, dass Kinder ihre Bindungsbeziehungen hierarchisch ordnen. Das ist genetisch angelegt. Es gibt also eine erste, zweite, dritte oder auch vierte Bindungsperson. Das sind üblicherweise Mutter und Vater, dann Geschwister oder auch Oma und Opa. Tagesmütter sind in diesem Zusammenhang eine gute Ergänzung im Sinne einer Großfamilie. Wenn Eltern dies so reflektieren können, leben Sie dem Kind vor, dass die Tagespflegeperson eine Vertrauensperson ist, die zum Alltag dazugehört. Ein solches Vorbild hilft den Kindern, Tagesmütter als selbstverständlichen Bestandteil ihres familiären Umfeldes zu akzeptieren.*

Wie können Tagesmütter Kinder fördern?

Becker-Stoll: *In den ersten Lebensjahren wird die Grundlage für Bildung gelegt. Singen, reimen, sich bewegen, frühes Vorlesen – das alles in einer entspann-*

ten und empathischen Umgebung ist beste Sprachförderung und damit Bildungsförderung. Eine frühe Sprachkompetenz entsteht durch viel Kommunikation, nicht nur durch Sprechen, auch durch den nonverbalen Austausch zwischen Kindern und ihren Bezugspersonen. Hier können wir gar nicht früh genug anfangen. Für Eltern und Erzieherinnen heißt das auch: nur wenige Instruktionen geben, besser ermutigen und anregen. Die Aktivität muss vom Kind ausgehen und das Lob muss beim Kind bleiben.

Stichwort Sprachkompetenz: Was raten Sie Tageseltern, die ein Kind aus einem nicht-deutschprachigen Elternhaus betreuen?

Becker-Stoll: *Tagesmütter und -väter müssen wissen: Kinder aus nicht deutschsprachigen Elternhäusern müssen eine Sprache richtig lernen, um die Grundlagen für den Erwerb einer zweiten Sprache zu haben. Kinder sollten ihre Muttersprache auf jeden Fall gut lernen, damit sie dann Deutsch als Zweitsprache auch parallel dazu richtig erwerben können. Deshalb sollten Tagesmütter die Eltern ermutigen, mit dem Kind in ihrer Sprache gut und sorgfältig zu sprechen. Die Aufgabe der deutschen Tagesmutter ist es, ihre Sprache ebenfalls sauber und klar zu sprechen.*

Was brauchen Kinder aus sogenannten bildungsfernen Elternhäusern, was solche aus bildungsnahen?

Becker-Stoll: *Für Kinder aus bildungsfernen Elternhäusern ist frühe Literacy-Erziehung, also das Heranführen an Sprache und Sprachkultur, Vertrautheit mit Büchern, Förderung der Sprachfähigkeit bereits in den ersten Lebensjahren sehr wichtig. Kinder aus bildungsnahen Elternhäusern profitieren insbesondere von dem gemeinsamen Tun mit Gleichaltrigen, den professionellen Anregungen der Tagespflegepersonen, den Projekten und neuen Erfahrungen in einer anderen Umgebung.*

6. Meine Beziehung zu den Eltern

„Mit den Kindern komme ich ja gut zurecht, aber mit den Eltern … " So seufzen nicht nur Tagesmütter häufig, sondern ebenso Lehrerinnen und Lehrer, Erzieherinnen und Erzieher. Bevor Eltern für Sie zu einem „roten Tuch" werden, erfahren Sie hier, wie Sie zu einem guten Team zusammenwachsen können. Erst dann können Ihre Tageskinder die Vorzüge der Tagespflege in vollen Zügen genießen.

Das Kind und seine Familie

Die Familie ist für so gut wie alle Kinder der erste und wichtigste Ort der Erziehung und Bildung. Dabei sind unter Familie alle Lebensformen zu verstehen, in denen Erwachsene mit Kindern zusammenleben. Der politische Slogan „Familie ist, wo Kinder sind" drückt das Einverständnis darüber aus, dass Familien*formen* nicht ausschlaggebend dafür sind, ob wir ein Zusammenleben als Familie klassifizieren oder nicht. Familie sind also beide Elternteile mit Kind, ein Elternteil mit Kind, „Patchworkfamilien" mit und ohne gemeinsame Kinder, gleichgeschlechtliche Partner und Partnerinnen mit Kind, Pflegefamilien, Adoptivfamilien, Großeltern mit Kind und so weiter.

Als Tagesmutter lernen Sie im Laufe der Jahre sicher verschiedene Familien kennen. Sie werden feststellen können, dass nicht die Form ausschlaggebend für ein gutes und liebevolles Miteinander von Erwachsenen und Kindern ist, sondern dass es immer auf die einzelnen Personen, ihre Fähigkeiten und Ressourcen ankommt, ob es den Kindern gut geht. Entscheidend ist nicht die Familienform, sondern die Qualität der Beziehungen und der Bildungsanregungen.

In der Fachliteratur zu Familie und Familienentwicklung findet man einige Merkmale, an denen sich eine gute Qualität der Eltern-Kind-Beziehung festmachen lässt:

▸ Feinfühligkeit der Eltern für die Lebensäußerungen des Kindes, für seine individuelle Eigenart sowie die Anerkennung seiner Person.

▸ Das Kind spürt eine emotionale Wärme, die sich mit Anregungen zum Selbstständig- werden verbinden.

▸ Das Kind lernt klare Verhaltensanforderungen kennen, die sich beispielsweise auf die altersgemäße Mithilfe im Familienalltag und auf die Rücksichtnahme auf Belange an- derer Familienmitglieder und der Gemeinschaft beziehen.

▸ Die Familie unterstützt und regt Bildungsprozesse sowohl der Kinder als auch der Er- wachsenen an.

Erziehungswissenschaftler wie Prof. Dr. Ludwig Liegle beobachten, dass in den El- tern-Kind-Beziehungen von heute mehr Frieden, weniger dramatische Konflikte, mehr Freundlichkeit, mehr wechselseitige Anerkennung und Unterstützung als in der näheren oder gar ferneren Vergangenheit herrschen. Dafür gibt es zwei mögliche Erklärungen.

Eltern-Kind-Beziehungen sind friedlicher geworden

In dem Maße, in dem die Welt komplexer und undurchsichtiger wird, gewinnt Familie und der Zusammenhalt der Generationen an Bedeutung. Hier finden Menschen Halt, hier wissen sie, wie Zusammenleben funktioniert, hier sind ihnen die Spielregeln vertraut, und in der Familie können Menschen ihre Vorstellungen von einem wertschätzenden Zusam- menleben gestalten. Liegle spricht vom *Ankerplatz der Lebensführung und Lebensgestaltung*.

Eine zweite Erklärung besagt: Die Eltern-Kind-Beziehungen haben sich gewandelt, aus sogenannten „Befehlshaushalten" wurden „Verhandlungshaushalte". Während vor zwei oder drei Generationen noch das Motto galt: „Solange du die Füße unter meinen Tisch steckst, tust du, was *ich* sage", sind Eltern heute bemüht, das Zusammenleben mit den Kindern so zu gestalten, dass die Bedürfnisse der Kinder ebenso Berücksichtigung finden wie die der Erwachsenen.

Wie die Forschung zeigt, ist ein Erziehungsstil, der emotionale Wärme und Bestäti- gung, Ermutigung zu Autonomie und klare Verhaltensanforderungen umfasst, am besten geeignet, die Entwicklung der Kinder zu selbstständigen und gemeinschaftsfähigen Per- sönlichkeiten zu fördern. Dieser Erziehungsstil wird als „autoritativ" bezeichnet, nicht zu verwechseln mit „autoritär". Schließlich ist als eine wichtige Voraussetzung für eine hohe Qualität der Familienerziehung das Wissen der Eltern über die Meilensteine und (norma- len) „Krisen" der kindlichen Entwicklung zu nennen. Mit diesem Wissen nahm jedoch

Autoritative und autoritäre Erziehung

in den vergangenen Jahrzehnten gleichzeitig der intuitive Umgang mit Kindern ab. Die Kindererziehung verlor, je mehr wir über sie erfahren haben, ihre Selbstverständlichkeit. Darin liegt *ein* Grund, warum Eltern heute als „erziehungsunsicherer" gelten als früher. Ein anderer liegt darin, dass junge Eltern heute häufig erst in der Krabbelgruppe in näheren Kontakt mit anderen Eltern kommen und bis zu dieser Zeit vielfach allein mit der neuen Situation zurechtkommen müssen.

Als qualifizierte Tagesmutter sind Sie deshalb eine kaum zu überschätzende Unterstützung für Eltern, die mit sich oder der Entwicklung ihres Kindes hadern. Wie beruhigend und entlastend, wenn Sie aufgrund Ihres Wissens und Ihrer Erfahrung jungen Eltern sagen können: „So wie sie es machen, gehen Sie ganz prima auf Ihr Kind ein. Sie werden sehen, in ein paar Monaten hat sich das Thema erledigt."

Vertrauensaufbau und Kontakte

Zu Beginn der Tagespflege überwiegen bei Eltern die Gedanken, ob es dem Kind gut gehen wird. Manche Mutter, mancher Vater, die oder der Ihnen schroff, zugeknöpft oder verhalten vorkommt, versteckt dahinter Sorge und Unsicherheit. Es fällt Eltern nicht leicht, ihr Kind für kürzere oder längere Zeit in die Obhut eines zunächst noch fremden Menschen zu geben. Die Palette von Gefühlen reicht dabei von Abschiedsschmerz über ein schlechtes Gewissen und Ängsten bis hin zur Freude über mehr Selbstständigkeit, Entlastung oder berufliche Möglichkeiten, die sich nun ergeben. Und Sie wissen vielleicht von sich selber: Mal überwiegt in einem Gefühlsdurcheinander die eine, mal die andere Emotion.

Einen ersten Schritt auf Eltern zu können Sie zum Beispiel mit einem Brief machen, in dem Sie sich vorstellen und grundlegende Informationen weitergeben. Einen Musterbrief finden Sie auf Seite 105. Sie können diesen Brief entweder als Kopiervorlage benutzen, wenn Sie das möchten, oder aber auch als Anregung für einen eigenen, „persönlichen" Brief an die Eltern.

Mit der Zeit sollte der Unruhe die Gewissheit folgen, dass Tagesmutter und Eltern zu einem guten Team zusammengewachsen sind. Die Aufgabe, dafür den entsprechenden Rahmen bereitzustellen, liegt bei Ihnen. Dabei ist die Eingewöhnungsphase des Kindes für Eltern und Tagesmutter eine gute Zeit, um sich miteinander vertraut zu machen. Beide können beobachten, wie die jeweils andere mit Kindern umgeht, wie sie mit ihnen spricht und spielt. Die Erwachsenen bekommen ein Gefühl füreinander. Intensivere Gespräche über Erziehung, Sorgen, Ängste oder Schwierigkeiten gehören nicht hierhin, auch später nicht in die Zeit des Abgebens und Abholens.

So macht es die Tagesmutter Carola:

Tagesmutter und Eltern: ein gutes Team

Einmal im Monat verabrede ich mich einzeln mit den Eltern zu einem Gespräch ohne Kinder. Entweder komme ich abends zu ihnen nach Hause oder sie kommen zu mir oder wir telefonieren. Das hat sich jetzt seit zwei Jahren ganz gut bewährt. Eingeführt habe ich das, weil ich keine Tagesmutter sein wollte, bei der das Kind nur abgegeben und wieder abgeholt wird. Aber jetzt schätze ich besonders einen Nebenaspekt: Es gibt praktisch keine Unstimmigkeiten mehr zwischen Eltern und mir. Ich glaube, das liegt daran, dass wir wissen, dass es eine feste reservierte Zeit für ausführliche Gespräche gibt. Dann muss man manches nicht direkt ansprechen und ist auch nicht so aufgeregt. Die Eltern haben mir gesagt, Kleinigkeiten würden sich so von alleine erledigen und auf wichtige Sachen würden sie sich vor dem Gespräch vorbereiten.

Lassen Sie Eltern an den Erlebnissen ihrer Kinder teilhaben

Eltern, die Ihnen ihr Kind mehr als den halben Tag lang anvertrauen, leiden häufig unter dem Gefühl, etwas zu verpassen, an der Entwicklung des Kindes nicht richtig teilnehmen zu können. Diesen Müttern und Vätern helfen Sie, wenn Sie berichten, was das Kind an einem Tag alles gesehen, erlebt und getan hat.

Das kann zum Beispiel so aussehen: „Hallo, Frau Müller. Heute Morgen hat Paul die Ameisen im Hof entdeckt. Er hat ganz versunken dagesessen und geguckt, wie sie hin und her wuseln. Ich habe einen kleinen Klecks Marmelade auf den Boden gegeben – das war natürlich ein Festschmaus für die Tierchen, aber Paul musste ich davon abhalten, die Marmelade zu kosten. Melanie hat dann versucht, aus Lego eine Straße für die Ameisen zu bauen, damit sie nicht hin und her laufen und Paul besser gucken kann. ‚Autobahn‘, sagte sie. Na, das ging natürlich nicht so gut. Wir haben auf jeden Fall viel Spaß im Hof gehabt und deshalb etwas später gegessen als sonst.“

Aber auch schwierige Situationen sollten Sie nicht totschweigen. Zum Beispiel so: „Hallo, Frau Schmitz. Ich glaube, heute braucht Sofie ein paar Kuscheleinheiten extra. Wir waren heute Nachmittag auf dem Spielplatz. Nach einiger Zeit fing Sofie an, die anderen Kinder mit Sand zu bewerfen. Sie hörte auch nicht auf, als ich sagte, dass sie sich zu mir auf die Bank setzen müsste, wenn sie das Sandwerfen nicht sein lässt. Als sie immer weiter mit Sand warf, habe ich sie dann zu mir geholt. Sie hat bitter geweint, war aber auch nicht zu bewegen, etwas anderes zu spielen. Schließlich sind wir dann alle wieder nach Hause gegangen, und hier hat sie sich mit ihrem Teddy in die Kuschelecke verzogen.“

Indem Sie Eltern auch über Situationen berichten, die für das Kind nicht ganz so glücklich sind, machen Sie deutlich, dass Sie souverän und sicher sind. Es sind die unsicheren Tagesmütter, die verschweigen, wenn ein Tag kein Bilderbuch-Tag war.

Wenn Eltern sich entschieden haben, ihr Kind einer Tagesmutter anzuvertrauen, haben sie dafür gute Gründe, die Sie nicht infrage stellen sollten. Um das typische Konfliktthema „Was ist eine gute Mutter?“ auf den Punkt zu bringen: Sie als Tagesmutter sind keine karitative Einrichtung, die Eltern einen Gefallen tut, damit diese wieder arbeiten können. Eltern sind keine Rabeneltern, wenn sie entscheiden, ihr Kind in Tagespflege zu geben.

Wenn beide Seiten einander akzeptieren und den jeweils anderen in seiner Rolle und Funktion respektieren, ist ein wichtiger Schritt zu einem vertrauensvollen Miteinander getan.

Klären Sie deshalb beim Erstgespräch mit den Eltern (ohne Kinder!) die wichtigsten Punkte der Zusammenarbeit. Wenn Sie sich weitgehend einig sind, können die Ergebnisse dieser Besprechung in einen Betreuungsvertrag einfließen. Betreuungsverträge sind nicht vorgeschrieben, aber trotzdem zu empfehlen. Eventuelle Missverständnisse lassen sich mit so einer Vereinbarung von vornherein vermeiden. Wenigstens die wichtigsten Eckdaten sollten in dem Vertrag schriftlich geklärt werden, zum Beispiel die Höhe der Vergütung und wann sie zu zahlen ist, Regelungen im Krankheitsfall beziehungsweise bei Urlaub. Musterverträge gibt es bei den meisten Jugendämtern und Tagesmütter-Börsen. Auch der Bundesverband für Kindertagespflege bietet ebenso wie das Internetportal laufstall.de einen (kostenpflichtigen) Vertragsentwurf an (dazu mehr im Anhang, siehe Seite 126).

Schließen Sie einen Betreuungsvertrag ab

Zu besprechen sind etwa:

- Betreuungszeiten
- Ausnahmen von den Betreuungszeiten
- Art der Bezahlung
- Tagesablauf und Angebote der Tagesmutter
- Familie der Tagesmutter
- Urlaubszeiten und gegebenenfalls Vertretungsmöglichkeiten
- Was passiert bei Krankheit der Tagesmutter?
- Was passiert bei einem Unfall? (Lassen Sie sich von den Eltern eine Vollmacht zum Arztbesuch geben, siehe Seite 127.)
- Unter welchen Bedingungen darf ein krankes Kind zur Tagesmutter?
- Wie ist der Entwicklungsstand des Kindes? Welche Vorlieben und Eigenheiten hat es?
- Wie sind die Essens- und Schlafgewohnheiten des Kindes?
- Wie halten es Eltern und Tagesmutter mit gesunder Ernährung und regelmäßigen Mahlzeiten?
- Bringen die Eltern das Essen mit?
- Muss das Kind regelmäßig Medikamente nehmen? Hat es eine Allergie?
- Was bringen Eltern an Windeln und Kleidung mit?
- Wie sind die Eltern oder andere Vertrauenspersonen zu erreichen?
- Welche Versicherungen sind nötig beziehungsweise bestehen schon?
- Abgleich von Schwerpunkten der Erziehung
- Vereinbarung regelmäßiger Gespräche

Werte und Normen

Werte sind nichts anderes als Antworten auf die Frage: Was ist mir wie viel wert? Nach unseren Werten richten wir unser Handeln aus. Werte sind unsere Vorstellungen über Dinge, Ideen oder Beziehungen, die von einer Gesellschaft oder von einer Gruppe festgelegt worden sind und die den Menschen wichtig sind. Sie regulieren unser Verhalten und sind weitgehend stabil. Üblicherweise werden Werte durch Sozialisation von Generation zu Generation weitergegeben.

Werteerziehung ist uns wichtig

Im Auftrag des Bundesfamilienministeriums hat das Institut für Demoskopie Allensbach im April und Mai 2007 insgesamt 1.824 Männer und Frauen ab 16 Jahre in Deutschland zum Thema Werteerziehung befragt. Im Einzelnen ergab die Umfrage, dass die Werteerziehung durch die Eltern auch aus anderen Lebensbereichen der Kinder ergänzt werden soll. So legt eine Mehrheit Wert darauf,

▸ dass bereits im Kindergarten auf die Vermittlung von Werten geachtet wird (65 Prozent),

▸ dass Eltern ihren Kindern Vorbilder sind (91 Prozent),

▸ dass Versprechen gegenüber den Kindern einzuhalten sind (79 Prozent),

▸ dass Eltern sich selbst klarmachen, was richtig und was falsch ist (75 Prozent) und dann auch explizit mit ihren Kindern darüber sprechen (73 Prozent),

▸ dass Eltern ihren Kindern in bestimmten Situationen auch klare Verhaltensregeln vorgeben (82 Prozent),

▸ dass Eltern kontrollieren, womit die Kinder sich beschäftigen (84 Prozent) und welche Freunde sie auswählen (64 Prozent).

Gefragt wurde auch, welche Werte Kindern nach Ansicht der Bevölkerung vermittelt werden sollten. Besondere Bedeutung hatten Werte wie Ehrlichkeit (91 Prozent), Verlässlichkeit (84 Prozent) und Höflichkeit (90 Prozent), aber auch Pünktlichkeit (76 Prozent), Fleiß (73 Prozent) oder Wissensdurst (67 Prozent).

Als Tagesmutter stehen Sie also vielleicht zum ersten Mal vor der Aufforderung, sich ganz konkret überlegen zu müssen, welche Werte und Überzeugungen für Sie so wichtig sind, dass Sie darüber nicht mit sich reden lassen. Erziehung ohne körperliche und seelische Gewalt, also ohne Schläge, Klapse, Wegsperren und abfällige Bemerkungen, gehört sicher dazu.

Warum aber brauchen Kinder Erwachsene, die ihre Überzeugungen vorleben und sich für ihre Werte gegen Widerstände und in Diskussionen einsetzen? Es gibt heute nur noch eine sehr geringe Übereinstimmung darüber, was richtig oder falsch ist. Wir müssen immer wieder neu entscheiden, wie wir uns richtig verhalten; was angemessen ist und was nicht, wo wir persönliche Einschränkungen zugunsten anderer akzeptieren und wo nicht, welche Einstellungen wir trotz Widerständen beibehalten und welche nicht. Kinder brauchen Erwachsene, die Überzeugungen praktisch „vorleben", damit sie sich an ihnen orientieren und reiben, ihnen zustimmen oder sie verwerfen können. Kinder, die dies nicht erleben, verlieren die Übersicht, wissen nicht, welche Richtung sie einschlagen sollen. Mehr zu dem Thema Werteerziehung finden Sie im Internet unter der Adresse http://www.kinder-brauchen-werte.de.

Werte und Überzeugungen müssen „vorgelebt" werden

Erziehungsvorstellungen beruhen also auf Überzeugungen, die sich an solchen Werten und Normen orientieren. Unterschiede werden immer dann besonders offensichtlich, wenn unterschiedliche Kulturen aufeinandertreffen. Interkulturelle Erziehung ist so komplex, dass in diesem Buch nicht darauf eingegangen werden kann. Gleichzeitig wird interkulturelle Kompetenz immer wichtiger, sodass an dieser Stelle zumindest kurz erklärt werden soll, was darunter zu verstehen ist. Möglicherweise wohnen Sie in einem multikulturell geprägten Stadtteil, kennen Familien, die einen – wie es etwas sperrig heißt – „Migrationshintergrund" haben, und überlegen sich, ob Sie deren Kinder aufnehmen können.

Unter *interkultureller Kompetenz* wird ein ganzes Bündel von Kompetenzen verstanden, die vor allem auf einer wertschätzenden und offenen Haltung dem Fremden gegenüber basieren. Dazu gehören

Interkulturelle Kompetenz

▸ die Bereitschaft und Fähigkeit, die eigene Sicht der Dinge zu hinterfragen und andere Betrachtungsweisen zuzulassen;

▸ der Mut, Unsicherheiten darüber auszuhalten, wie ein anderer reagiert, was er von mir denkt;

▸ die Bereitschaft, sich Wissen über fremde Kulturen anzueignen und die eigene Kultur zu überdenken;

▸ die Bereitschaft und Fähigkeit, sich neuen Situationen und Umgebungen anzupassen;

▸ die Offenheit, sich auf andere Betrachtungsweisen, Gebräuche und auf andere Kommunikationsrituale einzulassen;

▸ die Fähigkeit, Konflikte auszuhalten und angemessen mit ihnen umzugehen;

▸ die Fähigkeit, zu den eigenen Werten und Handlungen zu stehen, ohne die anderen gering zu schätzen.

Zum Abschluss dieses Unterkapitels noch ein Zitat des bekannten dänischen Familientherapeuten Jesper Juul:

> *Es gibt keinen Beweis, dass bestimmte Werte für das Wohlergehen der Familie wichtiger sind als andere. Überall auf der Welt finden sich fröhliche, zufriedene, harmonische und lebendige Familien, deren Richtlinien und Wertvorstellungen vollkommen verschieden sein können. […] Von elementarer Bedeutung ist aber zweifellos, dass die Erwachsenen in einer Familie überhaupt Wertvorstellungen besitzen – etwas, woran sie glauben; Überzeugungen, für die sie eintreten.*
>
> (Aus: Jesper Juul. *Was Familien trägt. Werte in Erziehung und Partnerschaft.*
> *Ein Orientierungsbuch.* München: Kösel, 2006)

Gespräche führen

Wenn es einmal nichts über das Kind zu besprechen gibt oder Eltern und Tagesmutter einmal unverhofft Zeit für ein kurzes Gespräch finden, freuen sich Eltern, wenn Sie sie nach ihrem beruflichen Alltag fragen, danach, wie das Wochenende war oder was die älteren Geschwister machen. Eine freundliche, interessierte Haltung den Eltern gegenüber führt zu weiteren Gesprächen „über Gott und die Welt", zu einer emotionalen Bindung und letztlich zu einem verbindlichen Umgang miteinander.

Regelmäßige Kommunikation beugt heiklen Situationen vor

Über Gespräche und Kommunikation entsteht Bindung. Das ist bei Erwachsenen nicht anders als bei Kindern. Sich regelmäßig miteinander zu unterhalten, ein Gefühl füreinander zu entwickeln, tut dabei nicht nur gut, sondern bietet einen entscheidenden Vorteil, wenn es zu Unstimmigkeiten kommen sollte. Einen Konflikt anzusprechen führt meistens zu einer heiklen Situation, die beiden Gesprächspartnern oder -partnerinnen unangenehm ist. Je häufiger Sie sich bereits vorher über das eine oder andere freundlich unterhalten haben, umso leichter gelingt es, bei Konflikten den richtigen Ton zu finden.

Anette hat als Tagesmutter sehr gute Erfahrungen damit gemacht, eine Gesprächsatmosphäre zu schaffen, die später auftretende Kritik möglich macht. Sie regt an:

> *Planen Sie von Beginn an eine feste Viertelstunde pro Woche für unverbindliches Plaudern ein. Es gibt so viele Möglichkeiten, das Miteinanderreden praktisch zu üben, schon bevor ernsthafte Probleme auftauchen. In dem regulären Viertelstündchen kann man die Woche Revue passieren lassen, überlegen, wie man auf neue Entwicklungsschritte reagieren soll oder sich über das freuen, was das Kind schon wieder gelernt hat. Wenn Eltern und Tagesmutter von Anfang an lernen, ihre Anliegen und Bedürfnisse regelmäßig zu formulie-*

ren, entsteht Vertrauen, auch wenn das etwas mehr Anstrengung bedeutet, als die Dinge unter den Teppich zu kehren. Dann werden aus Mücken auch keine Elefanten. Nach meiner Erfahrung gelingt es nur den wenigsten Menschen, nach monatelangem Schweigen etwas wirklich wieder ins Lot zu bringen.

Nicht jede Tagesmutter fühlt sich wohl, wenn sie sich verpflichtet fühlt, ein Gespräch anzufangen. Manche Tagesmutter fühlt sich im direkten Kontakt mit Eltern eher unbehaglich. Das ist auch vielfach bei Erzieherinnen in Kindergärten und Lehrern oder Lehrerinnen in Schulen zu beobachten. Gerade wer sich für den Beruf entschieden hat, weil er mit Kindern zusammen sein möchte, findet häufig nicht den richtigen Ton, um sich ebenso kompetent und angemessen mit den Eltern auseinanderzusetzen.

Kompetent und angemessen mit Eltern sprechen

Sich angeregt und offen unterhalten zu können ist eine kleine Kunst. Wenn Sie sich ungeübt oder unsicher fühlen, orientieren Sie sich an den Tipps in der Checkliste am Ende dieses Kapitels.

Umgang mit Konflikten

Die meisten Menschen möchten Konflikte am liebsten vermeiden. Verständlich, denn sie haben immer mit unangenehmen Gefühlen zu tun, und wer setzt sich solchen schon gerne aus? Leider führt trotzdem kein Weg daran vorbei, sich Konflikten zu stellen. Für erfahrene Tagesmütter gehören Gespräche über Unstimmigkeiten oder Missverständnisse zur Tagesordnung. Dies sind häufige Anlässe:

▸ chronische Unpünktlichkeit der Eltern beim Bringen und Abholen,
▸ nicht wettergerechte Kleidung,
▸ unpünktliche Bezahlung,
▸ unzureichende Ausstattung (Windeln, Kleidung zum Wechseln, Imbiss),
▸ unterschiedliche Erziehungsstile.

Grund genug also, beim Thema „Umgang mit Konflikten" etwas genauer hinzuschauen und zu fragen, wie es eigentlich zu Konflikten kommt. Konflikte entstehen

▸ durch Zeitdruck,
▸ durch neue Situationen,
▸ durch störende persönliche Verhaltensweisen,
▸ durch gegensätzliche Einstellungen,
▸ durch verborgene eigene Wünsche und Erwartungen,
▸ durch Differenzen hinsichtlich der Ziele und Prioritäten,
▸ durch Missverständnisse aufgrund fehlender oder mangelnder Kommunikation,
▸ durch unklare Absprachen,
▸ durch unterschiedliche Erfahrungen.

Offene Konflikte sind fast ein Glücksfall. Sie sind schnell zu erkennen, werden deutlich benannt und können klar umrissen werden. Anders sieht es bei verdeckten, unterschwelligen und unklaren Befindlichkeiten aus, die sich im Laufe der Zeit still und heimlich zu einem Konflikt entwickeln können.

„Unter der Decke gehaltene" Kleinkriege, die die Stimmung vergiften, treten häufiger unter Menschen auf, die sich schwerer tun, Unstimmigkeiten schnell, klar und sachlich anzusprechen. Wenn es Ihnen auch so geht: Springen sie trotzdem über Ihren Schatten. Konflikte belasten das tägliche Miteinander und drohen zu eskalieren, wenn keine Lösungen gefunden werden. Lösungen wiederum können Sie nur entwickeln, wenn das Thema offen auf den Tisch gelegt wird.

Wenn Sie den Eindruck haben, dass zwischen Ihnen und den Eltern etwas nicht stimmt, oder wenn sich eine Situation, über die sie schon mehrmals gesprochen haben, nicht ändert, dann bitten Sie die Eltern zu einem Gespräch außerhalb der üblichen Betreuungszeit. Zeitpunkt und Ort sollten gut gewählt und beiden Seiten gelegen sein. Wenn das Treffen bei Ihnen stattfindet, dann sorgen Sie für eine angenehme und freundliche Atmosphäre, bieten Sie etwas zu trinken an. Gehen Sie dann in folgenden Schritten vor:

1. Stellen Sie eine emotionale Verbindung her.

Wie geht es Ihren Gesprächspartnern? Versuchen Sie, ihre Gefühlslage zu erspüren. Sind sie verärgert oder vielleicht aufgeregt, befangen oder schüchtern? Äußern Sie Verständnis für diese Gefühlslage – selbst wenn Ihnen das schwerfällt. Sprechen Sie Gemeinsamkeiten an, sagen Sie also zum Beispiel, was bisher gut klappte, wo Sie sich einig sind. Kommen Sie auch im Laufe des Gespräches immer wieder auf das zurück, womit beide Seiten zufrieden sind.

2. Klären Sie nun die Fakten.

Worum geht es genau? Hören Sie gut zu, lassen Sie Ihre Gesprächspartner ausreden, unterbrechen Sie auch dann nicht, wenn Sie spüren, dass es „in Ihnen kocht". Damit vermeiden Sie einen der häufigsten Gesprächsfehler. Schildern Sie anschließend sachlich und ruhig Ihre Sicht der Dinge.

3. Treffen Sie eine Vereinbarung.

Am Ende des Gesprächs sollten klare Vereinbarungen bestehen – und zwar für beide Seiten. Sowohl Sie als auch die Eltern sollten dabei das Gesicht wahren können. Das heißt: Niemand darf das Gefühl haben, unterlegen zu sein. Suchen Sie gemeinsam nach einer Lösung und bieten Sie einen Kompromiss an.

4. Bringen Sie das Gespräch positiv zu Ende.

Versuchen Sie, nach der sachlichen Lösung den Bogen zurück ins Emotionale zu schlagen. Beenden Sie das Gespräch freundlich, mit einem Lächeln, mit positiven Signalen. Das wird sicher nicht immer möglich sein, aber versuchen sollten Sie es. Verabreden Sie, dass Sie als Tagesmutter nach einer gewissen Zeit noch einmal auf das Konfliktthema zu sprechen kommen, um sich zu vergewissern, dass die gefundenen Lösungen tragfähig sind.

Wenn Sie zu den Menschen gehören, die sich sehr schnell erregen oder die in einem Gespräch dazu neigen, zu vergessen, was sie eigentlich sagen wollten, dann bereiten Sie wichtige Gespräche kurz schriftlich vor. Solche Notizen versachlichen das Thema. Sie helfen, den roten Faden zu verfolgen und haben darüber hinaus noch einen anderen nützlichen Effekt: Schriftliche Notizen disziplinieren, das heißt, sie zwingen Sie dazu, innezuhalten und zu überdenken, worum es eigentlich geht. Den Zettel können Sie ruhig mit ins Gespräch nehmen, das macht einen überlegten und souveränen Eindruck und belegt die Ernsthaftigkeit des Gespräches.

Fertigen Sie Gesprächsnotizen an

CHECKLISTE

So führe ich ein Gespräch mit Eltern

In der Literatur zu Rhetorik und professioneller Gesprächsführung gibt es zahlreiche Hinweise zum Verhalten in Gesprächen. Aus der Vielfalt der Informationen hier eine „Checkliste" mit ein paar Tipps, die Ihnen bei Gesprächen mit Eltern helfen werden.

Allgemeine Tipps zum Verhalten bei Gesprächen:
- ✔ *Halten Sie freundlichen Blickkontakt.*
- ✔ *Sprechen Sie Mutter oder Vater mit Namen an.*
- ✔ *Lächeln Sie (ehrlich, keine Grimasse).*
- ✔ *Stellen Sie offene Fragen statt solcher, die man einfach mit „Ja" oder „Nein" beantworten kann. Fragen Sie beispielsweise: „Wie ist es Ihnen im Urlaub ergangen?", statt: „War der Urlaub schön?" Ihre Gesprächspartner und -partnerinnen haben dabei Gelegenheit, so viele Informationen preiszugeben, wie sie möchten.*
- ✔ *Unterbrechen Sie nicht, aber zeigen Sie Ihr Interesse durch kleine bestätigende Wörter oder Laute: „aha", „ach so", „interessant".*
- ✔ *Nutzen Sie die Antworten, um weiterzufragen oder etwas von sich*

Kein Kind wünscht sich die Trennung der Eltern. Die seelischen Folgen von Trennung und Scheidung werden heute dank vielfältiger Forschungen differenziert betrachtet. Die wissenschaftliche Literatur stimmt inzwischen darin überein, dass die Fähigkeit beider Eltern, einen guten und verantwortungsvollen Kontakt miteinander und zum Kind zu halten, ausschlaggebend dafür ist, dass Kinder Trennung und Scheidung verarbeiten können. Bleiben zudem Umgebung und Kontakt zu anderen vertrauten Bezugspersonen stabil, können Kinder die Krise umso besser bewältigen. Erfahrungsgemäß stabilisieren sich die neuen Lebensformen der Kinder, wenn das finanzielle Auskommen der Mutter beziehungsweise des Elternteils, bei dem sie leben, gesichert ist, wenn der Streit zwischen den Eltern nachlässt und wenn der Umgang zum anderen Elternteil geregelt ist und entspannt verläuft.

Idealerweise finden durch den familiären Streit verängstigte Kinder Unterstützung bei den eigenen Eltern. Allerdings sind Eltern in dieser Zeit sehr mit ihren eigenen Gefühlen, Sorgen und Verletzungen beschäftigt. Für eine gewisse Zeit können Mütter und Väter den Blick für die Not ihrer Kinder verlieren; auch deshalb, weil Kinder je nach Alter und Temperament unterschiedlich mit der Trennung ihrer Eltern umgehen. Wichtig ist jetzt, dass Kinder vertraute Menschen um sich haben, bei denen sie ihren Gefühlen freien Lauf lassen können, die sie trösten und ihnen die Zuversicht vermitteln, dass es gut weitergehen wird.

An dieser Stelle können Sie als Tagesmutter zum wohltuenden Ruhepol werden. Bei Trennung und Scheidung gewinnen verlässliche Bezugspersonen für Kinder jeden Alters sehr an Bedeutung. Kinder brauchen ein Mindestmaß an Normalität, um eine gesunde Identität zu entwickeln. Wenn schon die Familie in Auflösung begriffen ist, dann sollte möglichst alles andere so stabil wie möglich bleiben. Und dazu gehört an erster Stelle der vertraute Tagesablauf bei Ihnen.

Ihre Aufgabe heißt also vor allem: Stabilität und Sicherheit bieten, Kontinuität und Routine aufrechterhalten. Bei Ihnen können Kinder Verunsicherungen überwinden, wenn Papa nicht mehr zu Hause schläft oder wenn Mama so viel weint. Gleichzeitig entlasten Sie die Eltern, wenn diese ihr Kind bei Ihnen gut aufgehoben wissen. Eltern, die sich trennen, sind in größter Sorge um ihre Kinder und stehen gleichzeitig vor den Scherben ihrer Beziehung. Ganz egal, wie unglücklich das Paar bereits mehrere Jahre miteinander war – der entscheidende Schritt zu Trennung oder Scheidung bringt eine Gefühlslawine ins Rollen, die viele Erwachsene und damit auch deren Kinder für einige Zeit aus der Bahn werfen kann.

Inzwischen gibt es ein gut ausgebautes Beratungssystem rund um Trennung und Scheidung und die Folgen für die Kinder. In manchen Städten richteten kirchliche Beratungseinrichtungen, Familienbildung und -beratung oder Wohlfahrtsverbände kleine Therapiegruppen für Kinder ein, in denen diese mit anderen Kindern zusammenkommen, die eine ähnliche Auflösung ihrer Familie erleben. Das Gefühl zu haben, mit ihren Ängsten nicht alleine dazustehen, hilft vielen Kindern. Diese Gruppen sind allerdings eher für die älteren Geschwister Ihres Tageskindes interessant.

Kleine Kinder reagieren häufig mit Schuldgefühlen. Sowohl die Eltern als auch Sie selbst sollten dem Kind deshalb immer und immer wieder versichern, dass es an der Trennung nicht schuld ist und nichts dagegen machen kann. Erklären Sie dem Kind auch immer wieder, dass Mama und Papa weiter Mama und Papa bleiben. Hilfreich ist ferner, wenn das Kind klar und ganz konkret erfährt, was sich verändert und was bleibt. Sprechen Sie sich hier mit den Eltern ab.

Kleine und große Kinder brauchen vor allem Zeit, um das, was verbal und nonverbal auf sie einströmt, verarbeiten zu können. Einem Kind, das sich zurückzieht, helfen unaufdringliche Gesprächsangebote, unbeschwerte Spielsituationen mit anderen Kindern und liebevoller Körperkontakt, sofern dieser vom Kind zugelassen wird. Auch ein Kind, das zu aggressivem Verhalten neigt, kann nun gerade keine schimpfende Tagesmutter gebrauchen. Ein klares Wort, ein liebevolles In-den-Arm-Nehmen geben ihm das gute Gefühl von Sicherheit und Geborgenheit.

Wenn Eltern sich trennen, kann es auch zwischen Ihnen und den Eltern zu Spannungen kommen. Vermeiden Sie es, die eine oder andere Partei zu ergreifen, aber zeigen Sie Verständnis für die schwierige Situation. Machen Sie dabei deutlich, dass für Sie das Kind im Mittelpunkt Ihrer Aufmerksamkeit steht. Und: Sie können Eltern gar nicht oft genug sagen, dass Kinder zwar unter der Situation leiden, sich aber trotzdem zu glücklichen und zufriedenen großen Kindern entwickeln können.

Ergreifen Sie nicht Partei

> **TIPP**
>
> Das Buch *Glückliche Scheidungskinder* von Remo H. Largo und Monika Czernin (Piper Verlag, München) hat vielen Eltern geholfen. Die erfahrenen Autoren gehen Fragen nach, die sich ganz an den Bedürfnissen der Kinder orientieren.

Da es im Laufe Ihrer Tätigkeit als Tagesmutter immer wieder vorkommen wird, dass sich Eltern eines Tageskindes trennen, empfiehlt es sich, entsprechende Literatur zu Hause zu haben. Zum einen für Sie selbst, um über Hintergrundwissen zu verfügen, zum anderen, weil es Eltern erleichtert, wenn Sie merken, dass die Tagesmutter nicht nur oberflächlich informiert ist, sondern bei konkreten Nachfragen Hinweise darüber gibt, was für das Kind gut sein kann. Patentrezepte gibt es nicht. Aber Ihr Blick auf das Kind trägt vielleicht dazu bei, dass die Eltern Ihre Beobachtungen in ihr Verhalten und ihre Entscheidungen einbeziehen.

Empfehlenswert sind zwei Bände (kostenlos oder gegen geringe Schutzgebühr zu bestellen), die vom Bundesministerium für Familien, Senioren, Frauen und Jugend gefördert und auch von dort bezogen werden können (http://www.bmfsfj.de):

▸ *Alleinerziehend – Tipps und Informationen*, herausgegeben vom Verband alleinerziehender Mütter und Väter, Bundesverband e. V. (VAMV).

▸ *Wegweiser für den Umgang nach Trennung und Scheidung*, herausgegeben von der Deutschen Liga für das Kind in Familie und Gesellschaft e. V., dem Deutschen Kinderschutzbund Bundesverband e. V. und dem VAMV Bundesverband e. V.

Außerdem hält der Buchhandel Kinder- und Bilderbücher zu dem Thema bereit, die Sie jedoch nicht ohne Absprache mit den Eltern gemeinsam mit dem Kind ansehen sollten.

Einleiter- und „Patchwork"-Familien
Ein Resultat von Trennung und Scheidung sind Einelternfamilien. Ungeachtet aller Nachrichten in den Medien lebt die Mehrzahl der Alleinerziehenden unauffällig und in stabilen Verhältnissen mit ihren Kindern. Die Risikofaktoren, die Kinder beeinträchtigen können, sind die gleichen wie in anderen Familien. Dazu gehören Arbeitslosigkeit oder zu geringer Verdienst, schwere Krankheit der Eltern, ein konfliktreicher Umgang der Eltern untereinander oder mit dem Kind. Wenn Kinder nach einer Scheidung auffällig werden, so liegen die Gründe dafür zum einen in den Spannungen, die bereits vorher in der Familie geherrscht haben, und zum anderen in den Umständen und Lebensbedingungen rund um die Trennung.

Eine weitere Folge von Trennung und Scheidung sind Patchwork- oder Stieffamilien. Hier haben sich zwei Erwachsene mit ihren Kindern zusammengefunden und eine neue Familie gegründet. Nicht selten folgt wenig später noch ein gemeinsames Kind. Diese zusammengesetzten Familien sind sehr komplex und verlangen von Erwachsenen und Kindern ein hohes Maß an Abstimmungsbereitschaft und Kompromissfähigkeit. Sie brauchen mehrere Jahre, um zusammenzuwachsen. Kinder können sich zwar gut darauf einstellen, neue Beziehungen aufzubauen, aber sie brauchen Zeit und Ruhe, um sich in dem neuen, anfangs fremden und häufig turbulenten Familienleben zurechtzufinden. Auch in diesem Fall können Sie als gute und kompetente Tagesmutter helfen, den Alltag des Kindes zu stabilisieren.

Tagesmütter als ruhender Pol

Verdacht auf Misshandlung

Als Tagesmutter sind Sie fast täglich mit Ihren Kindern zusammen und merken recht schnell, wenn etwas nicht stimmt. Sollte sich bei Ihnen ein Verdacht auf sexuelle und körperliche Gewalt oder Verwahrlosung erhärten, machen Sie sich vermutlich schon recht lange Sorgen um das Kind, haben hin und her überlegt, ob Sie die Eltern ansprechen sollen oder nicht. Vielleicht kommen die Eltern auch von sich aus mit immer neuen Erklärungen für blaue Flecken, geschwollene Körperteile oder Wunden an, die Ihnen merkwürdig vorkommen. Einmal misstrauisch geworden, fällt es Ihnen immer schwerer, unbefangen mit den Eltern zu reden.

Sexueller Missbrauch ist meistens weniger offensichtlich und kann dem Kind durchaus ohne Wissen der Eltern angetan werden. Häufig läuten die Alarmglocken erst sehr spät, weil kleine Kinder noch nicht wissen, was mit ihnen passiert, sie sich nicht ausdrücken können und ihre Fantasie aus jedem Menschen sowohl Ungeheuer als auch Fee machen kann.

Wenn Sie einen Verdacht auf Gewalt und Missbrauch hegen, sind Sie in einer äußerst schwierigen Situation und sollten sich unbedingt und unverzüglich an eine Fachkraft wenden. Mittlerweile gibt es in vielen Städten spezialisierte Beratungsstellen für Fälle von Gewalt gegen Kinder oder von sexuellem Missbrauch. Kinderschutzbund und Jugendamt gehören zu diesen Ansprechpartnern.

Holen Sie sich fachlichen Rat

Dazu ein Auszug aus dem Artikel „Hilfe bei Kindesmisshandlungen und sozialem Missbrauch" von Martina Huxoll, Deutscher Kinderschutzbund Nordrhein-Westfalen, im Internet-Familienhandbuch (http://www.familienhandbuch.de):

Grundsätzlich gilt bei sexuellem Missbrauch und der Misshandlung von Mädchen und Jungen: Ruhe bewahren und nicht in blinden Aktionismus verfallen! *Dies ist leichter gesagt als getan. Denn schließlich löst das Wissen oder der begründete Verdacht von Gewalt gegen Kinder bei jedem heftige Gefühle aus. Wir sind empört, wir sind wütend, wir haben Mitleid mit dem Jungen oder Mädchen, wir möchten die Täter bestraft sehen, wir fühlen uns betroffen, wir können es nicht fassen. Und möglicherweise haben wir eigene Kindheitserinnerungen, die wieder belebt werden. Mit diesen Gefühlen sollten wir betroffene Kinder verschonen, denn bei heftigen Reaktionen kann es sein, dass sich die Kinder wieder verschließen oder ihre Aussagen zurückziehen. Sie werden unsicher, ob der ins Vertrauen gezogene Erwachsene die Situation überhaupt aushalten kann [...].*

Gewalttätige Erwachsene sollten nicht ohne fachliche Beratung und Unterstützung und entsprechende Hilfeplanung mit dem Vorwurf der Misshandlung oder des Missbrauchs konfrontiert werden. Einerseits ist es nicht sehr wahrscheinlich, dass der beschuldigte Erwachsene seine Gewalttätigkeit zugibt, und andererseits könnte dies für das Kind fatale Folgen haben (z. B. Verschärfung der Gewalt gegenüber dem Kind, weitere Drohungen und Einschüchterungen, Kontaktverbote mit anderen).

Selbstverständlich muss erwogen werden, in welchem Maße das Kind gefährdet ist. Bei Gefahr im Verzug sind möglicherweise dringendere Handlungsschritte notwendig. *In diesen Fällen sollte man sich an das örtliche Jugendamt wenden, das in Fällen von Gewalt gegen Kinder tätig werden muss. Dort kann man auch anonym im Vorfeld anfragen, welche Möglichkeiten der Hilfe und Unterstützung es für ein Kind gibt. Denkbar ist es ferner, dass es sich um eine Familie handelt, die bereits vom Jugendamt oder einem anderen Träger betreut wird oder dort aus der Vergangenheit bekannt ist.*

(http://www.familienhandbuch.de/cmain/f_Programme/a_Angebote_und_Hilfen/s_441 [Oktober 2008])

Krankheit

Von kranken Kindern, die einfach bei der Tagesmutter abgegeben werden, können ganze Generationen von Tagesmüttern ein Lied singen. Grundsätzlich gilt, dass kranke Kinder nach Hause gehören und nur in Absprache – und zwar auch mit den Eltern der anderen Kinder – in die Tagesgruppe aufgenommen werden sollten. Ein Kind, das die anderen anstecken könnte, sollte so lange zu Hause behalten werden, bis es vom Arzt gesundgeschrieben ist. Auch bei Kopfläusen und Ähnlichem sollten Sie das Unbedenklichkeits-Attest des Arztes abwarten. Am besten sprechen Sie das Thema bereits beim ersten Gespräch an und erläutern die Regeln, die für Ihre Tageskinder gelten.

Treffen Sie frühzeitig Vereinbarungen

Erkranken Sie selbst, so wird es zum Glück für die Eltern immer üblicher, dass sich mehrere Tagesmütter gegenseitig vertreten. Ob Eltern das in Anspruch nehmen, hängt davon ab, ob und in welchen Arbeitsverhältnissen sie beschäftigt sind oder ob zum Beispiel Großeltern einspringen können. Gerade bei kleinen Kindern muss bedacht werden, dass sie nicht ohne Weiteres einen halben oder ganzen Tag bei einer ihnen fremden Tagesmutter mit fremden Kindern verbringen können. Deshalb ist es sinnvoll, wenn sich Tagesmütter, die sich gegenseitig vertreten, auch regelmäßig mit ihren Kindern besuchen.

Wenn ein Kind krank wird: Als Tagesmutter sollten Sie einen Erste-Hilfe-Kurs für Kinder absolviert haben. So können Sie kleinere Wunden selbst versorgen und bei akuten Notfällen vorausschauend handeln. Lassen Sie sich von den Eltern schriftlich bestätigen, dass Sie – zum Beispiel bei einem Unfall – einen Arzt oder das Krankenhaus aufsuchen dürfen, auch wenn Sie die Eltern nicht erreicht haben, um das Vorgehen mit ihnen abzustimmen. (Eine Vorlage für eine Vollmacht für Arztbesuche finden Sie im Anhang.)

Armut

In der Zeit, in der dieses Buch entstand, wurde der dritte Armuts- und Reichtumsbericht der Bundesregierung veröffentlicht. Gleichzeitig stellte Bundesfamilienministerin Ursula von der Leyen das Dossier zu *Armutsrisiken von Kindern und Jugendlichen in Deutschland* vom Mai 2008 vor. Beide Publikationen legten offen, dass die Zahl der armen Kinder in Deutschland weiter ansteigt.

Armut kann negative Folgen haben

Die Folgen der Armut für die Kinder zeigen sich in nahezu allen Lebensbereichen:
▸ Arme Kinder sind in ihrer Gesundheit weniger stabil.
▸ Arme Kinder haben geringere Bildungschancen.
▸ Arme Kinder werden sozial und kulturell ausgegrenzt.
▸ Arme Kinder leiden unter einem geringen Selbstwertgefühl.

Aus der Resilienzforschung („Resilienz" bezeichnet die innere Widerstandskraft) ist gleichzeitig bekannt, dass Kinder schwierige Lebenslagen besser bewältigen, wenn

▸ die Eltern-Kind-Beziehung fürsorglich und gut ist,

▸ die Kinder sozial kompetent sind und viele Kontakte haben,

▸ Kinder gelernt haben, Probleme zu lösen,

▸ das Umfeld, zum Beispiel Kita und andere Bezugspersonen außer den Eltern, stabil sind und die Entwicklung des Kindes fördern.

Als Tagesmutter können Sie die familiäre Situation Ihrer Tageskinder nicht verändern und sollten sich mit Ratschlägen und Anregungen jeglicher Art zurückhalten, es sei denn, Eltern wenden sich ganz gezielt an Sie. Sie können trotzdem in den wenigen Jahren, in denen die Kinder bei Ihnen sind, einiges für ihre gute Entwicklung tun, wenn Sie ihrem Bedürfnis nach Anregungen, Gesprächen, Herausforderungen und Anerkennung entgegenkommen. Damit fördern sie alle Kinder. Die, die das eine oder andere von zu Hause nicht gewohnt sind, lernen es bei Ihnen kennen und können es im Kindergarten weiter vertiefen.

Halten Sie sich mit Ratschlägen zurück und fördern Sie die Kinder

Einige praktische Anregungen für einen kinderfördernden Alltag:

▸ Lassen Sie den Fernseher ausgeschaltet.

▸ Verzichten Sie auf elektronisches Spielzeug.

▸ Achten Sie darauf, dass das Sortiment an Spielzeug für jede Entwicklungsstufe Anregungen bietet.

▸ Kochen Sie gesund und vielfältig.

▸ Fördern Sie soziale Kontakte zu anderen Kindern und Erwachsenen.

▸ Bestärken Sie die Kinder in dem, was sie gut können.

▸ Lesen und singen Sie täglich mit ihnen.

▸ Machen Sie sie mit einer kostenlosen Leihbücherei vertraut.

▸ Zeigen Sie Freude an gemeinsamen Spielen.

▸ Erkunden Sie die Natur.

▸ Machen Sie Ausflüge in die nähere Umgebung.

▸ Fördern Sie den Bewegungsdrang der Kinder. Gehen Sie wenn möglich täglich auf den Spielplatz, in den Park oder in den Wald.

▸ Antworten Sie ernsthaft auf alle Fragen. Geben Sie keine ausweichenden oder beschwichtigenden Antworten. Wenn Sie etwas nicht wissen, sagen Sie, dass Sie sich schlau machen und die Antwort später geben werden.

▸ Erledigen sie mit den Kindern – soweit möglich – kleine Hausarbeiten und das Kochen und Backen.

Auffälliges Verhalten

Als Tagesmutter sind Sie – in der Regel – keine Psychologin, Ärztin oder Therapeutin. Sie haben – möglicherweise – eine Ausbildung in einem pädagogischen Beruf und eine fundierte Qualifikation als Tagesmutter. Dies ist Ihre Kompetenz. Weil Sie jedoch während Ihrer Arbeit immer wieder auf kindliche Verhaltensweisen treffen, die sowohl Sie als auch die Eltern ratlos machen, sollen einige Gedanken zu dem Thema nicht fehlen.

Verzichten Sie auf Wertungen

Grundsätzlich sollten Sie mit dem Etikett „verhaltensauffällig" sehr zurückhaltend umgehen. Jedes Kind wird im Laufe seiner Entwicklung einmal „auffällig", ist mit sich selbst im Unreinen, weiß nicht, wohin mit seinen Gefühlen, reagiert auf neue Situationen in der Familie oder der Tagesgruppe nach seiner ganz eigenen Art, wirkt angespannt, ängstlich, zornig.

Solche Phasen können kürzer oder länger dauern. Eine diagnostizierte Verhaltensauffälligkeit wie etwa das bekannte Aufmerksamkeitsdefizit-(Hyperaktivitäts)-Syndrom (ADS beziehungsweise ADHS) muss von Fachärzten sorgfältig untersucht und über einen längeren Zeitraum beobachtet werden und sich in mehreren Alltagssituationen verfestigt haben. Nicht jedes aufgeweckte, impulsive Kind, das nicht still sitzen mag und auf Ermahnungen nicht reagiert, ist verhaltensauffällig.

Trotzdem gilt: Es gibt weniger anstrengende und anstrengende Kinder. Es gibt Kinder, die sich gut ansprechen lassen, und solche, die partout nicht hören; solche, die einfach nicht zu bändigen sind, und solche, die bereits auf einen mahnenden Blick reagieren. Wenn Sie sich durch ein Kind längere Zeit bis an Ihre Grenzen belastet fühlen, wenn es die Gruppe durcheinanderbringt, den Tagesablauf sabotiert und andere Kinder unter einem Raufbold leiden, kommen Sie um ein Gespräch mit den Eltern nicht herum. Halten

Bleiben Sie sachlich, ruhig und neutral, wenn Sie mit den Eltern reden

Sie sich bei einem solchen Gespräch an das, was Sie sachlich beobachten können. Sprechen Sie nicht aufgebracht, zornig oder unbeherrscht über das Kind. Liefern Sie zunächst keine Interpretation („Dass Tobias so aggressiv ist, könnte daran liegen, dass…") und enthalten Sie sich jeglicher Wertung („Tobias war heute sehr ungezogen").

Hier ein Beispiel für eine Beschreibung ohne Wertung und Interpretation: „Als wir heute auf dem Spielplatz waren, spielte Tobias zunächst allein im Sandkasten. Er baute eine Burg, aber als sie fertig war, sprang Tobias auf und trampelte sie kaputt. Tobias lief dann zu den Kleinen auf die Krabbeldecke, nahm ihnen das Spielzeug weg und lief damit zum Sandkasten zurück. Als ich zu ihm ging und ihn aufforderte, das Spielzeug wieder zurückzubringen, trat er gegen mein Schienbein und rief ein Schimpfwort. Dann warf er sich auf die Erde und war nicht zu bewegen, aufzustehen."

Vielleicht haben Sie beim Lesen des Beispiels bereits überlegt: Fühlte sich Tobias womöglich alleingelassen? War er eifersüchtig auf die Kleinen, die zufrieden auf der Krabbeldecke saßen? Vielleicht saß die Tagesmutter die ganze Zeit bei den Kleinen und hat sich nicht für seine Burg interessiert? Oder hat die Tagesmutter ein Problem mit Tobias und der Junge reagiert deshalb so aggressiv?

Bevor Sie als Tagesmutter ein grundsätzliches Gespräch mit den Eltern suchen, sollten Sie für sich klären, ob etwas an Ihrem Verhalten oder an der Gruppensituation der Grund für die Reaktionen des Kindes sein könnte. Andererseits sollten Sie mit einem Gespräch nicht zu lange warten. Eltern reagieren wenig verständnisvoll, wenn Sie Ihnen sagen: „Seit zwei bis drei Monaten komme ich mit Tobias nicht gut zurecht."

Seien Sie selbstkritisch

Wenn Sie von Anfang an in regelmäßigen Gesprächen Eltern Rückmeldungen über Ihre Kinder geben, wird es Ihnen leichter fallen, auch unbeliebtes Verhalten anzusprechen. Als kompetente Tagesmutter haben Sie den Eltern seit den ersten Tagen gezeigt, dass Sie den Umgang mit den Kindern, ihre Bedürfnisse und Eigenheiten, gut beschreiben können. Beziehen Sie jetzt die Eltern mit ein, wenn das Verhalten des Kindes für Sie schwierig ist, und fragen Sie nach, ob Mutter oder Vater ähnliche Situationen beobachten. Geben Sie den Eltern das Gefühl, dass diese bei der Lösung des Problems gebraucht werden und dass Sie beide zusammen eine gute Lösung finden werden. Vergessen Sie nicht, immer wieder auf die anderen Seiten des Kindes hinzuweisen. Eltern, die mit Stress auf das störende Verhalten ihres Kindes reagieren, negieren allzu schnell die ganze Persönlichkeit des Kindes. Auch ein aggressiver Raufbold hat seine weichen Momente und ein ängstliches Mädchen seine starken.

Bewahren Sie sich einen positiven Blick auf das Kind

Im letzten Satz klang es bereits an – auch sehr zurückgezogene oder ängstliche Kinder zeigen ein Verhalten, welches besonderer Aufmerksamkeit bedarf. Aber: Diese Kinder, häufig Mädchen, „stören" nicht, sie fordern nicht heraus und zeigen ihr Bedürfnis nach Zuwendung passiv. Zum Glück, so könnte man sagen, klagen manche von ihnen regelmäßig über Bauchschmerzen und zeigen so, dass etwas nicht stimmt. Psychologen sprechen hier von „verschlüsselten Botschaften".

Dass die Interpretation von Verhalten auch immer etwas mit dem „Zeitgeist" zu tun hat, zeigt eine Leserinnenfrage in einer Elternzeitschrift. Dort fragte eine besorgte Mutter: „Meine vierjährige Tochter will nicht zum Turnen, nicht zur musikalischen Früherziehung und hat auch keinen Spaß am Ballett. Ist sie womöglich verhaltensauffällig?" Die Psychologin, die den Leserbrief beantwortete, konnte die Mutter beruhigen: „Ihr Kind hat ein gutes Gespür dafür, wenn ihm etwas zu viel wird. Es ist mit dem Kindergarten ausgelastet."

Behinderungen

Grundsätzlich ist es möglich, Kinder mit Behinderungen in Tagespflege zu betreuen. Wie die Betreuung organisiert und finanziert werden kann, legt das zuständige Jugendamt fest. Wenn Sie bereits Erfahrung in der Arbeit mit behinderten Kindern haben, werden Eltern und Jugendämter über Ihre besondere Kompetenz froh sein. Für das betroffene Kind selbst ist die Förderung in einer kleinen Gruppe eine enorme Bereicherung, denn hier gilt umso mehr, dass Kinder andere Kinder für eine positive Entwicklung brauchen. Deren Entwicklungsverlauf erhält durch soziale Erfahrungen und Anregungen positive Impulse, die auch durch noch so starkes Bemühen Erwachsener nicht ersetzt werden können. Gleichzeitig lernen nicht behinderte Kinder, unbefangen mit behinderten Spielgefährten und -gefährtinnen umzugehen.

Auch behinderte Kinder brauchen andere Kinder

Behinderungen können durch geistige, seelische, körperliche oder durch eine Kombination solcher Beeinträchtigungen sichtbar werden. Sicher ist es auch eine Frage der Schwere oder der besonderen Ausprägung eines Handicaps, ob Sie ein behindertes Kind aufnehmen können oder nicht. Wenn Sie das tun möchten, nimmt die Zusammenarbeit und Abstimmung mit den Eltern einen größeren Raum ein.

Für Tagesmütter, die behinderte Kinder aufnehmen wollen, gibt es bisher wenig Vorbereitungs- oder Fortbildungsmöglichkeiten. Einen Überblick und erste Informationen finden Sie in dem nachfolgenden Text von Dr. Eveline Gerszonowicz (http://www.familien-fuer-kinder.de), den Sie in vollem Umfang unter http://www.sgbviii.de, dem Internet-Handbuch zum SGB VIII (Sozialgesetzbuch, Buch VIII, Kinder- und Jugendhilfe), nachlesen können.

[…] Eltern, deren Kinder eine Behinderung haben oder krank, nicht altersgemäß entwickelt oder in ihrem Verhalten schwierig sind, und Eltern, die aufgrund ihrer Lebenssituation mit der Erziehung ihrer Kinder überfordert sind, haben Anspruch auf Hilfe zur Erziehung durch die Jugendhilfe (§ 27 SGB VIII). Hilfe zur Erziehung soll Familien in Zeiten, in denen sie diese Hilfe benötigen, solange unterstützen, bis sich die Lebenssituation des Kindes wieder stabilisiert hat oder bis die Lebensperspektive für das Kind geklärt ist. Die Hilfeformen reichen von familienergänzenden Angeboten wie Tagesgruppen und Tagespflege (§ 32 SGB VIII) über Betreuungs-, Familien- und Einzelfallhilfe (§§ 30, 31, 35, 35a SGB VIII) bis zur Fremdunterbringung außerhalb der Familie (Vollzeitpflege, Heim, andere betreute Wohnformen, §§ 33, 34 SGB VIII). […]

Hilfe zur Erziehung und Eingliederungshilfe in der Tagespflege hat in einigen Bundesländern den Beinamen „Heilpädagogische Tagespflege". Es werden dort nur wenige Kinder gemeinsam von einer Tagespflegeperson, manchmal unterstützt von einer Hilfskraft, versorgt und betreut. Die Kinder erhalten ein pädagogisches Angebot, welches sich an ihren Bedürfnissen orientiert und spezielle Fördermaßnahmen für jedes einzelne Kind umfasst. Vor allem Kinder mit leichten und mittelschweren Behinderungen, auffällige Kinder bzw. Kinder aus schwierigen familiären Verhältnissen erfahren hier die besondere Betreuung, die sie benötigen. Die Integration von einem oder zwei Kindern in die kleine Gruppe einer sog. „Tagesgroßpflegestelle" mit vier bis acht Kindern und zwei qualifizierten Betreuungspersonen hat sich in der Vergangenheit in Berlin als besonders förderlich erwiesen.

Im überschaubaren Rahmen können soziale Erfahrungen gemacht werden, die notwendige individuelle Betreuung ist gewährleistet. Die Betreuung von nur zwei oder drei Kindern, wovon z. B. eines eine Behinderung hat, lässt eine Integration nur begrenzt zu und bietet den anderen Kindern u. U. weniger Gelegenheit, adäquate Erfahrungen zu machen. Dies hängt vor allem von der Art und dem Grad der Behinderung des Kindes ab, kann im Einzelfall aber durchaus auch die sinnvollere Lösung sein. Welche Größe und Zusammensetzung einer Gruppe für das jeweilige Kind besser geeignet ist, muss im Einzelfall entschieden werden.

Die Betreuungszeiten können im Vergleich zu den Tageseinrichtungen flexibler gestaltet werden und richten sich nach der Berufstätigkeit der Eltern bzw. nach dem Bedarf der Familie. In einzelnen Bundesländern (z. B. in Berlin und Bayern) wird die Kindertagespflege im Rahmen der Hilfen zur Erziehung auch genutzt, um Eltern vor allem kleiner Kinder in ihrer Erziehungsaufgabe zu unterstützen, um eventuell Fremdunterbringung zu vermeiden. Besonders häufig nehmen Eltern mit psychischen Erkrankungen oder Suchtproblemen die Kindertagespflege in Anspruch. Ihre Kinder haben zumeist Entwicklungsrückstände bzw. sind durch die häusliche Situation von seelischer Behinderung bedroht.

Die Tagespflegeeltern haben (eventuell unterstützt durch therapeutische Maßnahmen) die Aufgabe, die Entwicklungsdefizite der Kinder nach Möglichkeit im kognitiven, emotionalen und sozialen Bereich auszugleichen. Bei regelmäßig stattfindenden Helferkonferenzen werden die Maßnahmen im Einzelnen besprochen und koordiniert. Wegen der individuellen Betreuungssituation ist die Kindertagespflege besonders für kleine Kinder geeignet, je nach Erfordernis aber auch für ältere. In Einzelfällen werden auch Schulkinder oder sogar Jugendliche in der heilpädagogischen Tagespflege betreut. […]

An die Tagespflegeeltern werden besondere Anforderungen gestellt: Sie müssen eine sozialpädagogische oder pflegerische Ausbildung oder eine entsprechende Qualifikation (in Berlin z. B. Besuch der „Pflegeelternschule Kindertagespflege") nachweisen. Sie müssen in der Lage sein, mit schwierigen Kindern und ihren Behinderungen umzugehen. Es wird von ihnen eine hohe Bereitschaft erwartet, mit dem Jugendamt und der Familie der Kinder zusammenzuarbeiten und Verständnis für deren Lebenssituation zu haben. Auf sie kommen verstärkt Elterngespräche zu, die belastend sein können, weil es sich bei diesen Familien nicht um die üblichen Unsicherheiten und Zweifel handelt, die alle Familien beschäftigen, sondern um die Konfrontation mit Themen wie Behinderung, Aussonderung, Schuld, Krankheit, Versagen und Trauer. Für ihre besondere Betreuungsleistung erhalten die Tagespflegeeltern in Berlin ein erhöhtes Erziehungsgeld.

Häufig zeigen Tagespflegeeltern in Notsituationen große Flexibilität und Bereitschaft, für das Kind Verantwortung zu übernehmen. Es kommt z. B. vor, dass chronisch kranke Eltern ihre Kinder immer wieder wegen Krankenhausaufenthalten in Kurzzeitpflege geben müssen. Nach der Rückführung könnte das Kind dann u. U. durch die bekannte Pflegefamilie in Tagespflege betreut werden. Das Kind wäre dann nur mit wenigen Bezugspersonen konfrontiert und es könnten ihm Beziehungsabbrüche erspart bleiben.

Leider fehlt es in den meisten Bundesländern sowohl an rechtlichen, organisatorischen und finanziellen Grundlagen wie auch an praktischer Erfahrung mit dieser Form der erzieherischen Hilfe. Nicht selten werden Kinder dann durch Regelangebote der Jugendhilfe wie z. B. der Kindertagespflege nach § 23 SGB VIII betreut. Die Folge ist, dass diese Kinder von Tagespflegepersonen betreut werden, die nicht ausreichend befä-

higt oder anerkannt sind. In diesen Fällen erhalten die Kinder entweder nicht die pädagogische Förderung, die sie eigentlich erhalten müssten, oder sie werden entsprechend gefördert, aber die Tagesmutter erhält nicht das leistungsentsprechende Betreuungsentgelt.

Die Kindertagespflege in Verbindung mit Eingliederungshilfe und die Hilfe zur Erziehung in Kindertagespflege eröffnen interessante Möglichkeiten für Kinder und Eltern. Sie sollten mit ihren besonderen Qualitäten selbstverständlicher als bisher in die Palette von Kindertagesbetreuung aufgenommen und genutzt werden.

(http://www.sgbviii.de/S141.html [Juli 2008, von E. Gerszonowicz überarbeitet])

Anhang

Gesetzliche Grundlagen

Das Tagesbetreuungsausbaugesetz, kurz TAG, ist seit dem 1. Januar 2005 in Kraft, das Gesetz zur Weiterentwicklung der Kinder- und Jugendhilfe (KICK) seit dem 1. Oktober 2005. Die Bundesgesetze geben den übergeordneten Rahmen für die Tagesbetreuung von Kindern unter drei Jahren vor und stellen die Kindertagespflege gleichberechtigt neben die institutionellen Betreuungsformen Krippe und Kindergarten.

Bundesgesetz und Landesgesetz

    Bis zum Oktober 2010 sollen in ganz Deutschland 230.000 zusätzliche Plätze in Kindertagesstätten, Krippen oder bei Tagesmüttern entstehen. Dabei soll gleichzeitig die Qualität in der Betreuung steigen, sodass Kinder eine frühe Förderung erhalten. Eltern können zwischen den unterschiedlichen Betreuungsmöglichkeiten wählen. Die Fördermittel und Maßnahmen zur Qualifizierung der Tagespflegepersonen werden in § 23 TAG erläutert. Einzelheiten regelt das jeweilige Landesrecht.

TAG § 23 Abs. 3 behandelt die Anforderungen, die an die für die Tagespflege zuständigen Personen gestellt werden:

Tagesbetreuungs-ausbaugesetz (TAG)

> *Geeignet im Sinne von Absatz 1 sind Personen, sie sich durch ihre Persönlichkeit, Sachkompetenz und Kooperationsbereitschaft mit Erziehungsberechtigten und anderen Tagespflegepersonen auszeichnen und über kindgerechte Räumlichkeiten verfügen. Sie sollen über vertiefte Kenntnisse hinsichtlich der Anforderungen der Kindertagespflege verfügen, die sie in qualifizierten Lehrgängen erworben oder in anderer Weise nachgewiesen haben.*

Zu den Grundsätzen der Förderung schreibt das TAG § 22 Abs. 2:

> *Kindertagespflege soll*
> ▸ *die Entwicklung des Kindes zu einer eigenverantwortlichen und gemeinschaftsfähigen Persönlichkeit fördern,*
> ▸ *die Erziehung und Bildung in der Familie unterstützen und ergänzen,*
> ▸ *den Eltern dabei helfen, Erwerbstätigkeit und Kindererziehung besser miteinander vereinbaren zu können.*

Weiter heißt es in § 22 Abs. 3:

> *Der Förderungsauftrag umfasst Erziehung, Bildung und Betreuung des Kindes und bezieht sich auf die soziale, emotionale, körperliche und geistige Entwicklung des Kindes. Er schließt die Vermittlung orientierender*

Werte und Regeln ein. Die Förderung soll sich am Alter und Entwicklungsstand, den sprachlichen und sonstigen Fähigkeiten, an der Lebenssituation sowie den Interessen und Bedürfnissen des einzelnen Kindes orientieren und seine ethnische Herkunft berücksichtigen.

Kinderbildungsgesetz in Nordrhein-Westfalen (KiBiz)

Als Beispiel für ein *Landesgesetz* soll das Kinderbildungsgesetz in Nordrhein-Westfalen (KiBiz) dienen. Mit diesem Gesetz, das am 1. August 2008 in Kraft getreten ist und zunächst bis 2011 gelten soll, geht Nordrhein-Westfalen neue Wege. Es ist an einigen Stellen flexibler als die bis dahin geltende Gesetzgebung, zum Beispiel was die Betreuungszeiten und deren Finanzierung angeht, an anderen werden die früheren Vorgaben enger gefasst. Für die Kindertagespflege bedeutet dies unter anderem, dass die Messlatte für die Qualifikation der Tagesmütter ein Stück höher gehängt wurde.

§ 4 KiBiz: Die Erlaubnis zur Kindertagespflege kann statt wie bisher für fünf jetzt auch für maximal acht fremde Kinder erteilt werden. So soll sichergestellt werden, dass qualifizierte Tagesmütter in ausreichender Anzahl auch für Randzeiten vermittelt werden können und bei Urlaub oder Krankheit anderer Tagesmütter zur Verfügung stehen. Gleichzeitig anwesend sein dürfen auch in diesen Einzelfällen immer nur fünf Kinder.

Auch kann die Kindertagespflege in Räumen von Kindertageseinrichtungen durchgeführt werden. So können Tagesmütter im Anschluss an reguläre Öffnungszeiten von Kindertageseinrichtungen in deren Räumen Kindertagespflege für die Kinder der Einrichtung anbieten. Möglich ist auch, dass Familienzentren Räume für die Betreuung von Kindern durch Tagesmütter zur Verfügung stellen. Wenn der familienähnliche, nicht institutionelle Charakter der Betreuung gewährleistet wird, kann Kindertagespflege auch während der Öffnungszeiten in geeigneten Räumlichkeiten der Tageseinrichtung angeboten werden. Die Kombination von Kindertagespflege und Kindertageseinrichtung im selben Gebäude ist beispielsweise denkbar, wenn die Einrichtung keine Plätze für unter Zweijährige vorhält oder unter Zweijährige nach dem Wunsch der Eltern lieber familienähnlich betreut werden sollen.

Ganz gleich, wo die Betreuung stattfindet: Den Beschäftigten sowie den Beauftragten des Jugendamtes ist der Zutritt zu den betreuten Kindern und den Räumen, die zu ihrem Aufenthalt dienen, zu gestatten. Das Grundrecht der Unverletzlichkeit der Wohnung (Artikel 13 Absatz 1 des Grundgesetzes) wird insoweit eingeschränkt. Untersagen kann das Jugendamt die weitere Betreuung der Kinder, wenn die Tagesmutter oder der Tagesvater keine Pflegeerlaubnis vorweisen kann oder im Sinne des § 23 Absatz 3 SGB VIII nicht für die Tagesbetreuung geeignet ist.

§ 17 KiBiz: Sofern Tagesmütter nicht sozialpädagogische Fachkräfte mit Praxiserfahrung in der Betreuung von Kindern sind, sollen sie über eine Qualifikation auf der Grundlage eines wissenschaftlich entwickelten Lehrplans verfügen.

Der dritte Abschnitt des Sozialgesetzbuches (SGB), Buch VIII, beschäftigt sich mit der Förderung von Kindern in Tageseinrichtungen und in der Kindertagespflege. Ein Blick auf den Gesetzestext zeigt: Bereits die Vorgaben aus dem Jahr 1990 beinhalten die Grundsteine, auf denen das TAG aufbaut. Interessant wird es bei § 23, der die finanzielle Förderung in der Kindertagespflege regelt. So umfasst die laufende Geldleistung nach Abs. 1

1. die Erstattung angemessener Kosten, die der Tagespflegeperson für den Sachaufwand entstehen,
2. einen angemessenen Beitrag zur Anerkennung ihrer Förderungsleistung und
3. die Erstattung nachgewiesener Aufwendungen für Beiträge zu einer Unfallversicherung sowie die hälftige Erstattung nachgewiesener Aufwendungen zu einer angemessenen Alterssicherung der Tagespflegeperson. Auch die Beiträge zur Krankenkasse sollen laut einer Pressemeldung des Bundesfinanzministeriums anteilig bezahlt werden.

Die Höhe der laufenden Geldleistung wird vom Träger der öffentlichen Jugendhilfe festgelegt, soweit das Landesrecht nicht etwas anderes bestimmt. Auch über die Gewährung einer Geldleistung an unterhaltspflichtige Personen entscheidet der Träger der öffentlichen Jugendhilfe.

Gut zu wissen ist auch, dass laut Sozialgesetzgebung Erziehungsberechtigte und Tagespflegepersonen Anspruch auf Beratung in allen Fragen der Kindertagespflege haben und Zusammenschlüsse von Tagespflegepersonen beraten, unterstützt und gefördert werden sollen. Bedacht werden sollte auch, dass für Ausfallzeiten einer Tagespflegeperson rechtzeitig eine andere Betreuungsmöglichkeit für das Kind sicherzustellen ist.

Pflegeerlaubnis

Eine Pflegeerlaubnis benötigt seit dem 1. Oktober 2005 jeder, der Kinder

- regelmäßig,
- mehr als 15 Stunden pro Woche,
- länger als drei Monate,
- außerhalb des Haushaltes der Eltern betreut.

Kinderfrauen, die Kinder im Haushalt der Eltern betreuen, brauchen keine Pflegeerlaubnis.

Neu ist, dass eine Tagesmutter bereits ab dem ersten Kind eine Pflegeerlaubnis benötigt. Sie gilt für maximal fünf gleichzeitig anwesende Kinder (Ausnahmen bestimmen die Länderregelungen).

Die Pflegeerlaubnis muss beim örtlichen Jugendamt beantragt werden. Sie wird erteilt, wenn die Tagespflegeperson geeignet ist (zur Eignung siehe das TAG). Angehende Tagesmütter müssen eine Prüfung ablegen, die in der Regel vor der Aufnahme eines Kindes stattfindet und folgende Punkte beinhaltet:

▸ Informationsgespräch,

▸ Ausfüllen eines Fragebogens,

▸ Hausbesuch zur Prüfung der örtlichen Gegebenheiten,

▸ Vorlage eines aktuellen Gesundheitsnachweises,

▸ Besuch eines Qualifizierungskurses in der Kindertagespflege,

▸ Besuch eines Kurses „Erste Hilfe am Kind",

▸ Vorlage eines polizeilichen Führungszeugnisses nach § 30 Abs. 5 Bundeszentralregister.

Nicht erteilt wird die Pflegeerlaubnis, wenn

▸ keine ausreichenden erzieherischen Fähigkeiten vorliegen,

▸ das Wohl der in der Familie bereits lebenden Kinder gefährdet ist,

▸ die von den Personensorgeberechtigten bestimmte Grundrichtung der Erziehung nicht beachtet wird,

▸ Anhaltspunkte für die Gefährdung des sittlichen Wohls des Pflegekindes bestehen,

▸ die wirtschaftlichen Verhältnisse nicht geordnet sind,

▸ Krankheiten der Pflegeperson oder anderer im Haushalt lebender Personen das Wohl des Kindes erheblich gefährden,

▸ kein ausreichender Wohnraum vorhanden ist.

Die Pflegeerlaubnis gilt für fünf Jahre und muss dann wieder beantragt werden.

Aufgaben des Jugendamtes

Das Jugendamt erteilt die Pflegeerlaubnis, zahlt das Tagespflegeentgelt an die Tagesmütter und -väter und refinanziert sich aus Elternbeiträgen und gegebenenfalls staatlichen und kommunalen Förderungen.

Darüber hinaus ist es Aufgabe des Jugendamtes, eine sogenannte „Tagespflegestruktur" aufzubauen. Dazu gehören die Unterstützung der Eltern bei der Auswahl und Vermittlung der Tagespflegeperson und gegebenenfalls die Sicherstellung einer Ersatzbetreuung für den Fall, dass die Tagespflegeperson ausfällt. Auch gewährleistet das Jugendamt Qualifizierungs- und Fortbildungsprogramme für die Tagesmütter und Tagesväter.

Versicherungen

Eine Haftpflichtversicherung ist ein unbedingtes Muss für jede Tagesmutter!

Haftpflichtversicherung

Ob ein Kind sich oder andere verletzt oder Sachen beschädigt – immer wird dabei auch der sehr dehnbare Begriff der „Verletzung der Aufsichtspflicht" ins Spiel gebracht. Deshalb sollte jede Tagesmutter für alle Fälle eine Haftpflichtversicherung abschließen, damit es kein böses Erwachen gibt, wenn sie haftungsrechtliche Konsequenzen übernehmen muss.

Kinder unter sieben Jahren, die anderen einen Schaden zufügen, sind selbst noch nicht dafür verantwortlich. Für diese Schäden haftet die Aufsichtsperson, wenn sie ihre Aufsichtspflicht fahrlässig verletzt – wann das der Fall ist, hängt von Alter und Reife des Kindes ab (zum Thema Aufsichtspflicht siehe Kapitel 2, S. 28 f.).

Kinder über sieben Jahren sind dann für Schäden selbst verantwortlich, wenn die notwendige Einsichtsfähigkeit vorhanden ist und sie vorsätzlich oder fahrlässig handeln. Schädigt das Kind einen Dritten, muss die Aufsichtsperson beweisen, dass sie ihre Aufsichtspflicht nicht verletzt hat. Das gilt auch, wenn sich das Kind selbst verletzt. Hier tritt zwar zunächst die Krankenversicherung ein, die aber bei Verletzung der Aufsichtspflicht Regressansprüche erhebt. Richtet das Tageskind in der Pflegefamilie Schaden an, wird das genauso behandelt, als hätte es das bei den Eltern getan: Für den Schaden muss die Tagesmutter selbst aufkommen.

Der Tagesmutter ist deshalb dringend eine private Haftpflichtversicherung anzuraten, die bei Aufsichtsverletzung den entstandenen Schaden abdeckt. Eine vorhandene Familienhaftpflichtversicherung reicht nicht aus, es sei denn, das Tageskind ist ausdrücklich (schriftlich) mit aufgenommen.

Bevor Sie eine Haftpflichtversicherung abschließen, sollten Sie bei ihrem Jugendamt nachfragen, ob es eine *Sammelhaftpflichtversicherung* anbietet. Denn es gibt durchaus Jugendämter, die die bei ihnen gemeldeten Tagespflegepersonen für das jeweils zu betreuende Kind in eine solche Sammelhaftpflichtversicherung aufnehmen. Wenn ja, erkundigen Sie sich, ob alle Schadensfälle (Personen-, Sach-, Vermögensschäden) abgedeckt sind.

Auch bieten in verschiedenen Bundesländern einige Tagesmüttervereine „ihren" Tagespflegepersonen einen Versicherungsschutz in Form einer Sammelhaftpflicht- oder -unfallversicherung an. Bedingungen für den Abschluss einer solchen Sammelhaftpflichtversicherung erfahren neue Tagesmüttervereine oder andere freie Jugendhilfeträger beim Bundesverband für Kindertagespflege.

Steuern

Bei der Besteuerung der Tagespflege ist das letzte Wort noch nicht gesprochen. Nach dem Stand von Mai 2008 hat eine Bund-Länder-Arbeitsgruppe folgende Eckpunkte vereinbart, um der gängigen Mischfinanzierung (Jugendhilfe/privat) gerecht zu werden:

Der Träger der öffentlichen Jugendhilfe erstattet die Hälfte der durch die öffentlich finanzierte Tagespflege ausgelösten Kranken- und Pflegeversicherungsbeiträge an die Tagespflegepersonen. Diese Erstattung wird im Einkommensteuerrecht (EStG) steuerfrei gestellt. Es wird gesetzlich geregelt, dass während der Ausbauphase selbstständig tätige Tagespflegepersonen bei einer Betreuung von bis zu fünf Kindern keine hauptberuflich selbstständige Erwerbsarbeit ausüben. Als Folge hiervon berechnen sich die Kranken- und Pflegeversicherungsbeiträge im Rahmen einer freiwilligen Mitgliedschaft in der gesetzlichen Krankenversicherung anhand einer Mindestbemessungsgrundlage von derzeit 828 Euro (statt 1.863 Euro bei hauptberuflich Selbstständigen). Die Möglichkeit zur beitragsfreien Familienversicherung beim Ehepartner bleibt bis zu einem Gesamteinkommen von derzeit 355 Euro pro Monat bestehen.

Die Eltern können ihre Ausgaben für die Kindertagespflege von der Steuer absetzen. Voraussetzung ist, dass beide Elternteile beziehungsweise die oder der Alleinerziehende berufstätig sein müssen. Es gibt keinen Pauschalbetrag, deshalb müssen alle Ausgaben nachgewiesen werden. Eine entsprechende Bescheinigung sollten Sie den Eltern auf Nachfrage ausstellen können.

Kindertagespflegepersonen als Selbstständige

Werden Kinder verschiedener Eltern im Haushalt der Tagesmutter oder in anderen kindgerechten Räumen eigenverantwortlich betreut, dann ist die Tagesmutter selbstständig tätig.

Wenn Sie als Selbstständige arbeiten, treten Sie als Dienstleisterin auf, die ihre Arbeitskonditionen wie etwa Arbeitszeiten selbst aushandelt. Es liegt oft an Ihnen selbst, ob Sie etwa die Anfrage nach Kinderbetreuung jeden Montag von 8 Uhr bis 17 Uhr annehmen oder nicht, es sei denn, Sie haben eine solche Zeit in einem Betreuungsvertrag verbindlich festgelegt. Sie sind auch frei darin, für sich zu werben, um neue Kunden zu gewinnen. Andererseits tragen Sie wie andere Selbstständige auch die Risiken der Selbstständigkeit, etwa im Krankheitsfall. Und Sie müssen sich eventuell stärker selbst organisieren, aktiv werden, damit man Ihr Angebot für Kinderbetreuung wahrnimmt und in Anspruch nimmt.

Versicherungen Im Zusammenhang mit dem Status als Selbstständige ergeben sich Fragen zum Thema Versicherungen. Informationen zur Sozialversicherung bekommen Sie bei den lokalen

Stellen der Deutschen Rentenversicherung (ehemals BfA/LVA). Bei Unsicherheiten zur Statusfrage können sich dort sowohl Eltern als auch Tagesmütter informieren. Auf ihren Internetseiten (http://www.deutsche-rentenversicherung.de) informiert die Deutsche Rentenversicherung:

> *Selbständige Tagespflegepersonen (Tagesmütter und Tagesväter) unterliegen grundsätzlich kraft Gesetzes der Rentenversicherungspflicht, wenn sie im Zusammenhang mit ihrer Tätigkeit keinen versicherungspflichtigen Arbeitnehmer beschäftigen. Die selbständige Tätigkeit muss ferner in mehr als geringfügigem Umfang ausgeübt werden. Versicherungspflicht bedeutet: Es müssen monatlich Pflichtbeiträge an den zuständigen Rentenversicherungsträger gezahlt werden. Ob Beiträge zu zahlen sind, richtet sich nach den Gesamtumständen der Berufsausübung sowie der Einkommensverhältnisse. Da die Ausgestaltung der Tätigkeit sehr vielschichtig ist, ist jeder Fall für sich zu prüfen, um eine versicherungsrechtliche Beurteilung vornehmen zu können. Die Ausübung der Tätigkeit ist meldepflichtig!*

(http://www.deutsche-rentenversicherung.de, Lexikon, Artikel „Tagesmütter" [August 2008])

Eine Tagesmutter ist als selbstständig Tätige danach *rentenversicherungspflichtig* und wird beitragspflichtig, wenn das Einkommen 400 Euro monatlich übersteigt. Es wird das als Einkommen angesehen, was das Finanzamt nach Abzug der Betriebskostenpauschale als zu versteuerndes Einkommen ansieht. Seit dem 1. Januar 2005 sieht das Gesetz (Tagesbetreuungsausbaugesetz TAG) vor, dass bei öffentlichen Betreuungsgeldern die hälftige Erstattung einer angemessenen Alterssicherung erfolgen soll.

Wenn keine private *Krankenversicherung* vorliegt, kann eine Tagesmutter oder ein Tagesvater bei der Versicherung des Ehegatten mitversichert sein, wenn das Einkommen 345 Euro (Stand: 2005) nicht überschreitet.

Die Tagesmutter bzw. der Tagesvater ist gesetzlich *unfallversichert*. Zuständig ist die Berufsgenossenschaft für Gesundheitsdienst und Wohlfahrtspflege, Hamburg (Internetadresse: http://www.bgw-online.de). Der Jahresbeitrag liegt bei rund 80 Euro. Seit dem 1. Januar 2005 sieht das Gesetz vor, bei öffentlichen Betreuungsgeldern die Kosten für die Unfallversicherung zu erstatten.

Zum Versicherungsschutz für die betreuten Kinder macht die BGW folgende Angaben:

> *Nicht nur Tagesmütter und Tagesväter sind in der Regel gesetzlich unfallversichert. Auch Kinder in der Tagespflege stehen seit 1. Oktober 2005 unter Versicherungsschutz.*
>
> *Die Voraussetzungen:*
> ‣ *Die Kinder werden fremdbetreut.*
> ‣ *Die Betreuung erfolgt in durch das Jugendamt anerkannten, kindgerechten Räumlichkeiten.*
> ‣ *Die Eignung der Tagespflegeperson wurde vom Jugendamt festgestellt.*

Der Versicherungsschutz der Kinder umfasst in diesem Fall die Wege zur Tagespflegestätte und zurück nach Hause. Weiter besteht er während der gesamten Dauer der Betreuung, also auch bei Ausflügen wie Zoo- und Spielplatzbesuch.

Im Falle eines Unfalls ist die zuständige Unfallkasse zu informieren. Welche Unfallkasse das ist, richtet sich nach dem Sitz der Tagespflegestelle. Wird die Kindertagespflege dagegen privat unter Freunden, Bekannten, Verwandten oder Nachbarn organisiert, besteht auch weiterhin kein Versicherungsschutz der betreuten Kinder.

Die Tagesmütter und Tagesväter selbst sind bei der Berufsgenossenschaft für Gesundheitsdienst und Wohlfahrtspflege (BGW) pflichtversichert, wenn sie regelmäßig Kinder aus verschiedenen Familien betreuen.

(BGW, *Mitteilungen* 2/2006, S. 18; auch online unter http://www.bgw-online.de [Juli 2008])

Tagespflegepersonen können sich bei der BGW über ihren Unfallversicherungsschutz informieren. Die Adresse lautet: Berufsgenossenschaft für Gesundheitsdienst und Wohlfahrtspflege (BGW), Unternehmerbetreuung, Postfach 76 02 24, 22052 Hamburg. Telefon: 040/20 207-0. Fax: 040/20 207-14 99.

Es ist anzuraten, dass sich Tagespflegepersonen bei Vertragsabschluss von den Erziehungsberechtigten eine Vollmacht geben lassen, die sie zur ärztlichen Behandlung eines Kindes während der Betreuungszeit ermächtigt. Eine Vorlage dazu finden Sie auf S. 127.

Verdienstmöglichkeiten

Es gibt keine bundesweit einheitlichen Betreuungssätze. Die Spanne liegt zwischen ca. 2 Euro und etwa 5,50 Euro pro Stunde.

Privat zahlen Eltern im Schnitt zwischen 3,50 bis 5,50 Euro pro Stunde für die Betreuung eines Kindes. Grundsätzlich ist dies aber Verhandlungssache. Es empfiehlt sich,

Betreuungsvertrag

einen *Betreuungsvertrag* abzuschließen, in dem auch der abgesprochene Betrag notiert wird. Vorlagen sind beim Jugendamt oder beim Bundesverband für Kindertagespflege erhältlich oder direkt zum Herunterladen und Ausdrucken unter: http://www.cleverefrauen.de/html/betreuungsvertrag-tagesmutter.html.

Wird die Kindertagespflege über das Jugendamt finanziert, liegt der Stundenlohn bei ca. 2 Euro bis 3,50 Euro. Dabei variieren die Betreuungssätze nicht nur zwischen den Bundesländern, sondern oftmals auch zwischen den einzelnen Kommunen. Besser aufgestellt sind allerdings die neuen Bundesländer mit in der Regel einheitlicheren Stundensätzen. Wichtig: Es ist durchaus erlaubt und üblich, dass bei einer über das Jugendamt finanzierten Tagespflege die Eltern den Betrag aufstocken, sodass die Tagesmutter auf einen für sie akzeptablen Stundenlohn kommt (Mischfinanzierung).

Kinderfrauen, die im Haushalt der Eltern arbeiten und üblicherweise auch leichtere Hausarbeiten übernehmen, verdienen zwischen 5 Euro und 9,50 Euro.

VOLLMACHT FÜR ARZTBESUCHE

Die Tagespflegeperson

Herr / Frau _____

wohnhaft in _____
Straße

_____
PLZ, Ort

erhält hiermit von dem / der Erziehungsberechtigten

Herrn / Frau _____

wohnhaft in _____
Straße

_____
PLZ, Ort

die Vollmacht, in Notfällen während der Betreuungszeiten eine ärztliche Behandlung des hier angegebenen Kindes einzuleiten:

Name des Kindes: _____

geboren am: _____

_____
Datum   Unterschrift des / der Erziehungsberechtigten

Das ausgefüllte Formular ermächtigt zu Arztbesuchen während der Betreuungszeit

Nach § 1 des Bundesurlaubsgesetzes stehen jedem Arbeitnehmer in jedem Kalenderjahr mindestens 24 bezahlte Erholungstage zu. Tagesmütter, die in einem sozialversicherungspflichtigen Arbeitsverhältnis stehen, haben demnach Anspruch auf Urlaub. Selbstständige Tagesmütter – und damit die Mehrzahl der Kindertagespflegepersonen – können keinen Urlaubsanspruch geltend machen. Sie legen ihren Urlaub nach eigenem Ermessen fest beziehungsweise in Absprache mit den Eltern. Ähnlich wie in anderen freien Berufen gibt es für die Urlaubszeit unterschiedliche Finanzierungsmodelle. Mit Blick auf die Professionalisierung und Verberuflichung der Kindertagespflege scheint es jedoch angemessen, wenn Tagesmütter das Jahr über durchbezahlt werden, vorausgesetzt, ihre Dienste werden von den Eltern kontinuierlich und mehrere Stunden wöchentlich in Anspruch genommen.

Arbeitslose, die durch die Kindertagespflege als selbstständige, hauptberufliche Tätigkeit die Arbeitslosigkeit beenden, können zur Sicherung des Lebensunterhalts und zur sozialen Sicherung in der Zeit nach der Existenzgründung einen Gründungszuschuss beantragen.

Voraussetzung für die Gewährung eines Gründungszuschusses ist ein bestehender Anspruch auf Arbeitslosengeld I aus einer versicherungspflichtigen Beschäftigung oder einer Arbeitsbeschaffungsmaßnahme noch für mindestens 90 Tage. Außerdem müssen der Agentur für Arbeit die Tragfähigkeit der Existenzgründung und Kenntnisse und Fähigkeiten zur Ausübung der selbstständigen Tätigkeit nachgewiesen werden.

Der Gründungszuschuss wird in zwei Phasen geleistet:

▸ Für neun Monate wird der Zuschuss in Höhe des zuletzt bezogenen Arbeitslosengeldes zur Sicherung des Lebensunterhalts und monatlich 300 Euro zur sozialen Absicherung gewährt.

▸ Für weitere sechs Monate können 300 Euro pro Monat zur sozialen Absicherung gewährt werden, wenn eine intensive Geschäftstätigkeit und hauptberufliche unternehmerische Aktivitäten dargelegt werden.

Weitere Informationen finden Sie unter anderem auf der Internetseite des Bundesministeriums für Arbeit und Soziales (http://www.bmas.de).

Alle hier gemachten Angaben sind keine juristischen Informationen. Sie sind sorgfältig zusammengetragen (Stand: Juni 2008), ersetzen jedoch nicht die Auskünfte bei Jugendamt und Fachberatung.

Wo Sie weitere Informationen finden

Das Internet ist eine wichtige Informationsquelle besonders für Themenbereiche, die raschen Änderungen unterworfen sind. Im Folgenden sind einige informative Websites mit kurzen kommentierenden Hinweisen aufgeführt. Dort können Sie sich auch über Neuregelungen informieren, die in diesem Buch noch nicht berücksichtigt werden konnten.

http://www.handbuch-kindertagespflege.de:
> Umfangreiche Website des Bundesministeriums für Familie, Senioren, Frauen und Jugend mit Informationen für Tagesmütter, Eltern, Kommunen und Betriebe.

http://www.familienhandbuch.de:
> Ein umfassendes Online-Handbuch des Staatsinstituts für Frühpädagogik (IFP), München, zu allen erziehungs- und bildungsrelevanten Themen rund um das Leben mit Kindern, mit Texten auch in Türkisch, Italienisch, Polnisch u. a.

http://www.tagesmuetter-netzwerk.de:
> Homepage des Bundesverbandes Kinder- und Jugendförderungs-Netzwerk (ehemals Tagesmütter-Netzwerk, Bundesverband), einem Selbsthilfe-Netzwerk von Tagesbetreuungspersonen. Mitglied können (auch angehende) Tagesmütter und Eltern werden.

http://www.laufstall.de:
> Gutes Portal für Kindertagespflege mit einem informativen Newsletter.

http://www.bundesverband-kindertagespflege.de:
> Bundesverband für Kindertagespflege e. V., Krefeld. Hier finden Sie u. a. Merkblätter, Stellungnahmen und Positionspapiere. Der Bundesverband gibt die „Info Kindertagespflege" heraus, die Sie für 10,30 Euro/Jahr abonnieren können.

http://www.familien-fuer-kinder.de:
> Die Website der Familien für Kinder gGmbH, Berlin, mit Informationen für Tagesmütter und Eltern.

http://www.elternimnetz.de:
> Vom Zentrum Bayern Familie und Soziales (ZBFS, Bayerisches Landesjugendamt) betreutes Informationsportal zu allen Fragen der Erziehung.

http://www.bundesforum-familie.de:
> Auf das Thema „Werte für Kinder" hat das Bundesforum Familie 2006–2008 einen zweijährigen Arbeitsschwerpunkt gelegt. Dem Bundesforum und seinen über hundert Mitgliedsorganisationen geht es darum, Kinder darin zu unterstützen, eine eigene Kompetenz im Umgang mit vielfältigen Werten aufzubauen. Weitere Informationen dazu sind unter http://www.kinder-brauchen-werte.de nachzulesen.

http://www.dji.de:

Deutsches Jugendinstitut, München. Suchbegriff „Tagesmütter" eingeben, dann erscheinen viele Links zu verschiedenen Themen sowie zu wissenschaftlichen und politischen Hintergründen.

http://www.bildungsserver.de/innovationsportal:

Das Portal Innovative Projekte und Programme von Bund und Ländern zur Qualitätsentwicklung des Bildungssystems ist ein Subportal des Deutschen Bildungsservers.

http://www.mittelstand-und-familie.de/storage/download/Tagespflegevereine.pdf:

Nützliches PDF-Dokument zum Herunterladen. Hier werden alle Vereine nach Bundesländern sortiert aufgeführt, die Mitglied im Bundesverband für Kindertagespflege sind.

http://www.tagespflege-vierheller.de:

Informationsseite einer auf Kindertagespflege spezialisierten Rechtsanwältin.

http://www.bmfsfj.de:

Homepage des Bundesministeriums für Familie, Senioren, Frauen und Jugend. Hier finden Sie unter der Rubrik „Gesetze" die für Tagesbetreuung relevanten Gesetzestexte (TAG, KICK), auch zum Herunterladen als PDF-Datei.

http://www.gesetze-im-internet.de:

Homepage des Bundesministeriums der Justiz. Die vom Bund erlassenen Gesetzestexte, darunter auch das „SGB 8" (Sozialgesetzbuch SGB, Achtes Buch, Kinder- und Jugendhilfe) unter http://www.gesetze-im-internet.de/sgb_8.

http://www.blja.bayern.de:

Homepage des Bayerischen Landesjugendamtes (BLJA). Mit Informationen zur Kindertagesbetreuung und Pflegeerlaubnis.

http://www.mgffi.nrw.de:

Die Homepage des Ministeriums für Generationen, Familie, Frauen und Integration des Landes Nordrhein-Westfalen. Mit Informationen und dem Gesetzestext des nordrhein-westfälischen Kinderbildungsgesetzes (KiBiz).

http://de.wikipedia.org:

Die deutsche Ausgabe der Internet-Enzyklopädie bietet auch informative Artikel zu Themen wie „Tagesbetreuung" oder „Kindertagespflege" und zu Gesetzen wie dem „Tagesbetreuungsausbaugesetz" oder dem „Kinder- und Jugendhilfegesetz", jeweils mit nützlichen Internet-Links.

Literatur

Austermann, Marianne und Gesa Wohlleben. *Zehn kleine Krabbelfinger*. Kösel, 2008.

Austermann, Marianne und Gesa Wohlleben. *Krabbelfinger werden größer. Spiel und Spaß für Ein- bis Dreijährige*. Kösel, 2007.

Bildung in der Kindertagespflege: vielfältig und kindbezogen. Herausgegeben vom Bundesverband für Kindertagespflege, 2008 (Bestellung der Broschüre per E-Mail an: tagesmuetter@t-online.de).

Borcherding, Marit und Sabine Rock. *Gut aufgehoben. So finden Sie die passende Betreuung für Ihr Kind.* Eichborn, 2003 (vergriffen).

Bostelmann, Antje (Hg.). *Praxisbuch Krippenarbeit. Leben und lernen mit Kindern unter 3.* Verlag an der Ruhr, 2008.

Diehl, Ute und Karl. *Die beste Betreuung für mein Kind. Tagesmutter, Oma, Krippe, Hort & Co.* Ravensburger 2000 (vergriffen).

Dimpker, Henning, Marion von zur Gathen, Jörg Maywald. *Wegweiser für den Umgang nach Trennung und Scheidung. Wie Eltern den Umgang am Wohl des Kindes orientieren können.* Herausgegeben von der Deutschen Liga für das Kind in Familie und Gesellschaft e. V. (http://www.liga-kind.de), dem Deutschen Kinderschutzbund Bundesverband e. V. (http://www.kinderschutzbund.de) und dem VAMV Bundesverband e. V. (http://www.vamv.de). 2. Aufl. 2007. (Die Broschüre ist auch unter http://www.bmfsfj.de, der Seite des Bundesfamilienministeriums, verfügbar.)

DJI-Curriculum. *Qualifizierung in der Kindertagespflege. Fortbildung von Tagesmüttern.* Überarbeitete Neuauflage. Kallmeyer, 2008 (Loseblattsammlung).

Kaufmann-Huber, Gertrud. *Kinder brauchen Rituale. Ein Leitfaden für Eltern und Erziehende.* Herder, 2000 (vergriffen).

Hüther, Gerald und Cornelia Nitsch. *Wie aus Kindern glückliche Erwachsene werden.* Gräfe und Unzer, 2008.

Hüther, Gerald und Jirina Prekop. *Auf Schatzsuche bei unseren Kindern: Ein Entdeckungsbuch für neugierige Eltern und Erzieher.* Kösel, 2007.

Juul, Jesper. *Was Familien trägt: Werte in Erziehung und Partnerschaft. Ein Orientierungsbuch.* Kösel, 2007.

Juul, Jesper. *Was gibt's heute? Gemeinsam essen macht Familie stark.* Beltz, 2005.

Kurth, Tanja. *Tagesmutter. Kinderbetreuung mit Familienanschluss.* Kösel, 1999 (vergriffen).

Largo, Remo H. *Babyjahre: Die frühkindliche Entwicklung aus biologischer Sicht.* Piper, 2007.

Largo, Remo H. und Monika Czernin. *Glückliche Scheidungskinder: Trennungen und wie Kinder damit fertig werden.* Piper, 2003.

Michels, Inge. *Allein erziehen. Praktischer Rat für Schule und Alltag.* Cornelsen, 2004 (vergriffen).

Plooij, Frans X. *Oje, ich wachse! Das Praxisbuch: Spielen, üben, die Welt entdecken.* Mosaik bei Goldmann, 2007.

Van de Rijt, Hetty, und Frans X. Plooij. *Oje, ich wachse! Von den acht „Sprüngen" in der mentalen Entwicklung Ihres Kindes während der ersten 14 Monate Ihres Babys und wie Sie damit umgehen können.* Goldmann, 1998.

Verband alleinerziehender Mütter und Väter, Bundesverband e. V. (VAMV). *Alleinerziehend – Tipps und Informationen.* 2007 (Bezug: http://www.vamv.de).

Weiß, Karin. *Kinder in der Tagespflege. Grundlagen und Praxiswissen.* Herder, 2007.

Merkblätter *Kinderunfälle* zu unterschiedlichen Gefahrenquellen sind zu erhalten bei Krankenkassen, in den Praxen der Kinderärzte und bei den Unfallkassen, die auch kostenlose Informationsabende anbieten.

CDs

Die *Bundesarbeitsgemeinschaft Familienbildung und Beratung e. V. (AGEF)* hat zwei CDs mit Fingerspielen, Liedern und Reimen inklusive Begleitmaterial herausgebracht, die leicht in den Alltag mit kleinen Kindern zu integrieren sind. Aus dem Inhalt: Begrüßungslieder und -verse, Körperlieder und -spiele, Tobelieder und -spiele, Schaukel- und Einschlaflieder, Kreisspiele, Abschiedslieder.

Für Bestellungen der CDs: E-Mail an infos@familienbildung.de, Internet-Homepage http://www.familienbildung.de. *Tipp:* In der Sommerzeit und vor Weihnachten gibt es Aktionen zu Sonderpreisen!

Filme und Zeitschrift zur frühen Kindheit

Der Film *Wundervolle Kinder* gehört zu den wenigen Filmen, die in Kindertagespflegestellen gedreht wurden. Er ist ein Projekt des Sächsischen Staatsministeriums für Soziales und des Tagesmütter-Vereins „Sonnenau" in Dresden. Bezug: http://www.wundervolle-kinder.de. Der Film kostet 9 Euro.

Die *Deutsche Liga für das Kind in Familie und Gesellschaft e. V.* hat nicht nur selbst Filme zur frühkindlichen Entwicklung herausgegeben (z. B. *Ein Leben beginnt*), sondern auch eine nach Themenschwerpunkten geordnete Empfehlungsliste für Filme zum Thema „frühe Kindheit". Ein Themenschwerpunkt lautet „Tagesbetreuung und Bildung". Die Filme können im Internet bestellt werden. Mehr dazu unter http://www.liga-kind.de.

Dort können Sie auch die Zeitschrift *frühe Kindheit* abonnieren oder einzelne Exemplare erwerben. Die Ausgabe 01/08 hatte zum Beispiel den Schwerpunkt „Gesunde Ernährung von Säuglingen und Kleinkinder", die Ausgabe 03/08 „Entwicklung und Lernen".

Elternbriefe

Die *Elternbriefe* des *Arbeitskreises Neue Erziehung e. V. (ANE)* in Berlin informieren über die Entwicklung des Kindes und geben Rat und Hilfestellung bei Fragen zum Familienalltag. Sie beziehen sich dabei zum einen auf Erfahrungen aus der Praxis („Eltern als Experten"), zum anderen geben sie „wissenschaftlich geprüftes Erziehungswissen" weiter.

Die Briefe entsprechen jeweils genau dem Alter des Kindes. Die Briefe sind verständlich und anschaulich geschrieben und greifen Beispiele und Szenen aus dem Alltag auf. Mehr Informationen unter http://www.ane.de.

ZeT ist die „Zeitschrift für Tagesmütter und -väter" aus dem Verlag Kallmeyer. Sie wendet sich vor allem an Tagesmütter und -väter, Erzieherinnen und Eltern. Die Zeitschrift erscheint sechsmal pro Jahr und bietet praxisnahe Informationen über Themen aus den Bereichen Pädagogik und Psychologie, Ratgeber für Recht, Gesundheit und Ernährung, Ideen für Spiele und Aktionen.

Zeitschrift für Tagesmütter

Erfahrungsberichte, Interviews und Porträts geben zahlreiche Anregungen für den eigenen Alltag mit Tageskindern, sowohl mit ganz kleinen als auch mit Schulkindern. Qualifizierung und berufliche Weiterbildung sind ebenfalls ein Schwerpunkt der Fachzeitschrift. Preis für das Jahresabonnement: 30 Euro (Stand 2008).

Im Interesse der Kinder

NEU

LOTHAR KLEIN, HERBERT VOGT

Eltern in der Kita

Schwierigkeiten meistern – Kommunikation entwickeln

21,5 x 23 cm, 197 Seiten

ISBN 978-3-7800-5722-8, € 24,95

Eine gelingende Zusammenarbeit zwischen Eltern und Kindertagesstätte liegt im Interesse aller Beteiligten. Dennoch gestaltet sie sich nicht immer einfach, und auf dem Weg zur echten Elternarbeit sind einige Hürden zu nehmen.
Die Autoren zeigen anschaulich und praxisnah, welche Stolpersteine im Alltag gemeistert werden müssen, damit die Chancen für eine Partnerschaft zwischen Eltern und Kita auf beiden Seiten gewinnbringend genutzt werden können.
Ein Ratgeber für Erzieherinnen und Erzieher sowie Aus- und Fortbildungsinstitute. Motivierend, dialogisch und immer im Interesse des Kindes!

Für die Buch-Reihe TPS schreiben Autoren und Herausgeber der bekannten Fachzeitschrift TPS - Theorie und Praxis der Sozialpädagogik. Hier erhalten Erzieherinnen und Erzieher Unterstützung und Anregungen für das Leben, Lernen und Arbeiten in der Kita.

Alle Preise zzgl. Versandkosten, Stand 2008

Ratgeber

Telefon: 05 11/4 00 04 - 175
Fax: 05 11/4 00 04 - 176
info@kallmeyer.de

Sie möchten gleich bestellen?
Unser Leserservice berät Sie gern!

kallmeyer

www.klett-kallmeyer.de